불자
생활
의례

불자
생활
의례

대한불교조계종 포교원

조계종
출판사

발간사

종교의례는 소리와 몸짓 그리고 간절한 마음이 하나로 융합된 기도라고 생각합니다. 불교의례는 여기에 부처님의 가르침이 덧붙여진 것이며, 보살도의 실천과 중생에 대한 회향이 핵심입니다.

우리나라의 불교의례는 불교가 한반도에 전래된 이후 오랜 역사 속에서 전승돼 왔습니다. 그 과정에서 불교의례는 시대와 상황에 적응하며 변용되었고, 현대 불교의례 역시 새로운 모습으로 탈바꿈해야 할 시점에 직면해 있습니다.

현대 불교의례의 가장 중요한 문제는 언어입니다. 이제 우리는 한자보다 한글이 익숙한 상황이며, 이러한 추세는 세대를 거듭할수록 더욱 심화되고 있습니다. 그럼에도 종단의 표준 우리말 의례 작업은 2011년에 성안한 〈한글 반야심경〉을 시작으로 기본 의례들을 완성해 가고 있지만 대중의 요구보다 더딘 진행을 보이고 있습니다.

의례를 한글화하는 작업은 오랜 시간과 노력이 필요한 일이지만, 불자로서 정체성을 드러내는 작업이기에 머리에 붙은 불을 끄는 것처럼 시급한 일입니다. 이번에 발간되는 《불자생활의례》

는 종단 의례위원회의 노력과 성과를 토대로 하고 현장의 목소리를 반영하여 정리한 것입니다. 내용은 기본적으로 사찰에서 스님과 함께하는 의례로 구성하였습니다만, 각 의례문은 탄력적으로 활용하여 사찰의 상황과 여건에 맞추어 진행하거나, 혹은 가정에서 불자 개인이 기도할 수 있도록 하였습니다.

이 책은 종단 차원에서 처음 발간하는 우리말《불자생활의례》입니다. 이 책에 미처 수록하지 못한 생활의례는 현장의 의견을 지속적으로 반영해 나가면서 차후 발간하게 될《종단본 의례집》에서 보완하여 증보하고자 합니다.

마지막으로 이 의례집을 통해 불자들의 생활 속에서, 전법의 현장에서 기도와 수행 증진에 도움이 되기를 기원합니다. 또한 사회생활에서도 불자로서 정체성과 자긍심을 지킬 수 있는 계기가 되었으면 합니다. 매일 기도하고 수행하는 불자로서 삼보의 가피가 늘 충만하며, 항상 행복하기를 축원 드립니다.

불기 2564(2020)년 12월

대한불교조계종 포교원장 지 홍

차례

일생 의례

일상 의례

일 생 의 례

안태의례

안내

• 안태(安胎)의례는 태중의 아기가 건강하고 소중한 생명으로 자라나도록 기원하는 의례
로서 보통 임신 4주차인 태아가 착상된 이후부터 출산 이전 기간에 거행합니다.

• 사찰에서 비슷한 시기에 임신한 사람이 있는 경우 합동으로 안태의례를 봉행할 수도
있습니다.

• 안태의례 이전부터 태교를 시작합니다. 태교란 태중에 있는 생명체를 바르게 키우고자
하는 마음과 행동을 일컫습니다.

• 부부 발원문은 안태의례를 진행할 때뿐 아니라 가정에서 태교를 진행할 때 아침마다
부처님께 예경하고 외웁니다.

• 안태의례 •

1. 명종

> 종을 다섯 번 쳐서 울린다.

2. 거불

인례

거룩한 부처님께 귀의합니다. 〔절〕

거룩한 가르침에 귀의합니다. 〔절〕

거룩한 스님들께 귀의합니다. 〔절〕

3. 고유

법주

우러러 아뢰옵니다.

부처님의 가피 입고

부모와의 깊은 인연 의지하여

(태명) ○○가 모친 ○○○의 태중에 들었사오니

태중 안전 건강 발원 하옵고자

오늘의 법요를 거행하옵니다.

삼보시여, 굽어살펴 주옵소서.

4. 헌공

인례

저희들이 만행의 꽃과 보리의 과일, 향적의 쌀을 공양 올리오니

이 공덕으로 몸과 마음 두루 평온하고

집안에 우환 없고 재앙 사라져

태중 아기 출생토록 안녕하여지이다.

5. 진언가지

법주

(이제부터 아버지와 어머니는 태아를 지키는 관세음보살입니다.

또 남편은 아내를 수호하고, 아내는 남편을 수호하는 관세음보살입니다.

나 스스로 관세음 되어 마음 쓰고 말하고 행동하여 오탁악세를 벗어난 연꽃의

보배로 빛나게 하는 진언을 지니십시오.)

대중이 함께

관세음보살 본심미묘 육자대명왕진언

옴 마니 반메 훔 (7편)

법주

(모든 두려움과 근심을 없애 주는 보살핌의 진언입니다.

부모는 아기를 위하여, 남편은 아내를 위하여

이 진언을 항상 외우고 지녀야 합니다.)

관세음보살 시무외수 진언

옴 아라나야 훔 바탁 (7편)

(부모는 무량한 눈길과 손길로 아기를 돌보니

이것을 천수천안 관세음이라 합니다.

천 개의 손길로 보호하는 진언을 외우고 지니십시오.)

관세음보살 총섭천비수 진언

옴 다냐타 바로기제 세바라야 살바도타 오하야미 사바하 (7편)

법주는 불단에 올려둔 호신물을 내려 산모에게 선물한다.

6. 축원

우러러 아뢰오니

시방세계 영원토록 항상하신 삼보전에

저희들이 일심정성 우러러 아뢰오니

대자대비 베푸시어 거두어 주옵소서

○○에 거주하는 청신사 ○○○ 청신녀 ○○○의
태아 (태명) ○○○ 보체
사람으로 태어나기 지극히 희유한데
전생 인연 본래 서원과 부모 인연 의지하여
태중에 들었으니
바라옵건대
부처님과 보살님과 호법성중께옵서는
이 가정을 보호하여 모든 재앙 없애 주고
동서사방 어디서나 좋은 일을 만나오며
온갖 질병 놀랍거나 두려운 일 사라지고
어느 때나 화평하고 안전하게 살펴주옵소서.
나날이 길상 충만하길 축원하나이다.
마하반야바라밀 〔저두〕

7. 발원

부모 가운데 한 사람이 발원문을 봉독한다.

언제나 저희들을 가호하고 바른 길로 인도하시는
거룩하신 부처님께 지성 발원 하옵니다.

이 세상 온갖 신비 가운데 가장 으뜸은
새로운 생명의 시작입니다.
천하 만물 그 무엇과도 바꿀 수 없는 것이 생명인데

그 놀라운 일이 저희 부부를 인연하여 일어나고 있습니다.

부처님께서는 사람으로 태어나는 것이
비유하자면 망망대해에 사는 눈먼 거북이가
100년마다 한 번 수면으로 떠오를 때
마침 바다를 떠다니는 나무의 구멍에
머리가 들어가는 것보다 더 드물고 귀한 인연이라 하셨습니다.
더구나 사람 가운데서도 부모 자식으로 만나는 것은
반드시 함께해야 할 다겁생의 깊은 인연이 있기 때문이라 하니
이 특별하고 놀라운 인연을
겸허하고 감사한 마음으로 받들겠습니다.

부디 이 아이가 태중에서 편안하고 안전하며
부처님 인연으로 선한 업이 발현되고
전생의 원결과 악업은 녹아지도록
저희들은 불보살님의 가르침을 독송하고
자비롭게 마음 쓰고 말하고 행동하겠습니다.
부부가 몸과 마음이 힘들지 않도록
서로를 세심하게 보살피고 아끼겠습니다.

싯다르타 왕자가 어머니의 태 속에 있을 때
그 어머니는 안락하고 행복했다고 합니다.
저희들도 몸이 불편하고 마음이 불안해질 때
아기를 위해 더 기도하고 축복하고 사랑하여
안락과 행복의 시간을 가꾸겠습니다.

그리하여 열 달 동안
평온하게 머무르다 건강하게 태어나
저희와 소중한 인연을 활짝 열어 가기를 바라오니,
지혜와 자비의 부처님이시여,
저희들의 서원을 굽어살피소서.
마하반야바라밀 〔저두〕

영유아 마정의례

• 영유아 마정의례 •

1. 명종

> 종을 다섯 번 쳐서 울린다.

2. 거불

인례

거룩한 부처님께 귀의합니다. 〔절〕

거룩한 가르침에 귀의합니다. 〔절〕

거룩한 스님들께 귀의합니다. 〔절〕

3. 고유

법주

우러러 아뢰옵니다.

전생 업식이 부모를 의지하여 태중에 들어

마침내 세상에 태어났음을 삼보전에 아뢰오니,

- ○○ 거주 ○○○ 보체

- ○○ 거주 ○○○ 보체

이 법회 인연 공덕으로 사대가 조화롭고 육근이 뛰어나며

지혜가 총명한 사람으로 성장하도록

삼보님의 가피력과 옹호성중의 보살핌이 언제나 충만하며,

가정이 화목하고 가업이 원만하며

갖가지 재난과 질병이 범접하지 않기를 삼보님 전에 발원하오니

대자비를 드리우사 가호하여 주시옵소서.

4. 공양

가족 1인이 향을 올리면

인례

저희들이 향공양을 올리오니,

이 공덕으로 (○○○) 아기가 세상을 향기롭게 하여지이다. 〔저두〕

가족 1인이 차를 올리면

인례

저희들이 차공양을 올리오니,

이 공덕으로 (○○○) 아기가 목마름 없고 늘 맑은 사람이 되어지이다. 〔저두〕

가족 1인이 쌀을 올리면

인례

저희들이 쌀공양을 올리오니,

이 공덕으로 (○○○) 아기가 배고픔 없고 늘 만족하게 하여지이다. 〔저두〕

가족 1인이 과일을 올리면

인례

저희들이 과일공양을 올리오니,

이 공덕으로 (○○○) 아기가 하는 일마다 원만한 과실을 얻어지이다. 〔저두〕

가족 1인이 꽃을 올리면

인례

저희들이 꽃공양을 올리오니,

이 공덕으로 (○○○) 아기가 세상을 아름답게 하는 꽃이 되어지이다. 〔저두〕

가족 1인이 초를 올리면

인례

저희들이 등불공양을 올리오니,

이 공덕으로 (○○○) 아기가 세상을 밝히는 빛이 되어지이다. 〔저두〕

5. 진언가지—마정

함께 인례의 목탁에 맞추어 진언을 송주한다.
항마진언을 할 때 법주는 부모가 안고 앞으로 나온 아기의 이마,
왼쪽 어깨, 오른쪽 어깨, 가슴 순으로 손을 살짝 대면서 "부처님
가피가 충만하기를", "옴 마니 반메 훔" 등으로 축원한다.
마정을 마치고 준비된 선물을 전달한다.

정법계진언

옴 람 (7편)

광명진언

옴 아모가 바이로차나 마하무드라 마니파드마 즈바라 프라바르타야 훔 (3편)

항마진언

옴 소마니 소마니 훔 하리한나 하리한나 훔 하리한나 바나야 훔 아나야
혹 바아밤 바아라 훔 바탁 (3편)

불설소재길상다라니

나모 사만다 못다남 아바라지 하다사 사나남 다냐타 옴 카 카 카혜 카혜
훔 훔 아바라 아바라 바라아바라 바라아바라 지따 지따 지리지리
빠다 빠다 선지가 시리예 사바하 (3편)

6. 발원

부모 가운데 1인

대자대비하신 부처님

2600여 년 전, 룸비니에서 태어난 아기 부처님은

세상에서 가장 존귀한 것이 자기 자신이라고 선언하셨습니다.

저희들은 품 안에 나툰 아기에게서 부처님을 봅니다.

싯다르타를 부처님으로 길러낸 정반왕과 대애도 부인처럼

저희들도 무한한 가능성을 가진 이 아기를 정성과 사랑으로

건강하고 안전하게 잘 키우겠습니다.

아기는 부모의 거울인 만큼 이 거울에 그늘이 생기지 않도록,

때가 끼지 않도록 노력하겠습니다.

몸과 마음이 힘들고 지칠 때는 부처님의 용맹한 구도행을 거울삼고,

가족이 서로서로 마음을 열고 손길을 나누어 어려운 시간을 이겨냄으로써

가족의 사랑을 더 키울 수행의 자리로 삼겠습니다.

거룩하신 부처님

이 소중한 인연을 가피하여 주심에 감사드리며
이 아기의 앞길에 부처님의 지혜와 자비 광명이
늘 함께하기를 발원합니다.
마하반야바라밀 (저두)

백일 및 첫돌의례

안내

- 백일 및 첫돌의례는 아기가 태어난 지 백일 및 첫돌을 맞이하여 건강하고 행복하게 자라나길 바라며 축하하는 의례입니다.

- 백일 및 첫돌의례는 사찰이나 사찰 밖의 축하연 공간 어디서든 진행할 수 있습니다 (의례문은 사찰을 기준으로 함).

- 불단 혹은 잔칫상에 여러 공양물을 올려놓습니다.

- 아기 인원만큼 다완(찻잔)에 청정수를 담아 불단에 올려둡니다. 의식 중간에 가지한 물을 내려 손끝이나 깨끗한 거즈 천으로 물을 찍어 아기 이마를 관정합니다.

- 돌잡이 상이나 쟁반은 따로 마련합니다.

- 의례를 마치고 적당한 장소에서 축하 잔치를 합니다.

• 백일 및 첫돌의례 •

1. 명종

> 종을 다섯 번 쳐서 울린다.

2. 거불

인례

거룩한 부처님께 귀의합니다. 〔절〕

거룩한 가르침에 귀의합니다. 〔절〕

거룩한 스님들께 귀의합니다. 〔절〕

3. 고유

법주

우러러 아뢰옵니다.

삼계의 중생을 인도하는 길잡이이시며

사생으로 태어나는 중생의 자애로운 어버이이신 부처님이시여,

오늘은 ○○가 부모를 인연으로 태어난 지 100일(첫돌)이 되는 날입니다.

이에 지극한 정성으로 삼보님과 옹호성중께 공양을 올리고

가피를 청하오니 자비로써 증명하여 주시옵소서.

4. 헌공

가족 중 한 사람은 아기를 안고 다른 사람은 불전에 꽃, 과일, 쌀을
올린다.

법주

저희들이 만행의 꽃과 보리의 과일, 향적의 쌀을 공양 올리오니

이 공덕으로 몸과 마음 두루 평온하고

집안에 우환 없고 재앙 사라지며

부처님 법 안에서 신심이 깊어지고

마음속에 바라는 일 원만성취 하여지이다.

인례

시방삼세 부처님과 팔만사천 미묘법과

삼승사과 승보님께 공양 올리오니

자비로 받으소서. 〔절〕

자비로 받으소서. 〔절〕

대자비로 받으옵소서. 〔절〕

5. 진언가지 — 관정

광명진언을 독송할 때 법주 스님은 불단에 올린 청정수를 내려 아기의
이마를 관정한다.

법주

다겁생에 맺어 온 깊은 인연으로

금생에 이렇게 가족이 되었으니
참으로 놀랍고 특별한 일입니다.

삼보님과 호법선신이여
이 아기를 살펴주소서.

부처님의 신비한 진언을 염송하리니
법신이시여, 지혜 광명을 비추어 주옵소서.

대중이 함께

비로자나진언

옴 바이로차나 훔 (3편)

법주

삼보시여, 이 아기를 보호하소서.

대중이 함께

불설소재길상다라니

나무 사만다 못다남 아바라지 하다사 사나남 다냐타 옴 카카 카혜 카혜
훔 훔 아바라 아바라 바라아바라 바라아바라 지따 지따 지리지리 빠다빠
다 선지가 시리예 사바하 (3편)

법주

호법선신이여, 이 아기를 보살피소서.

광명진언

옴 아모가 바이로차나 마하무드라 마니파드마 즈바라 프라바르타야 홈 (3편)

6. 축원

법주

우러러 아뢰오니

시방세계 영원토록 항상하신 삼보전에

저희들이 일심정성 우러러 아뢰오니

대자대비 베푸시어 거두어 주옵소서

오늘 백일(돌) 맞이하여 삼보님 전 헌공발원하는

○○ 거주 ○○ 보체

이 인연공덕으로

사대가 강건하고 육근이 청정하며

온갖질병 만나잖고 선근공덕 자라나서

지혜가 총명하고 성정이 유순하여

집안이 화목하고 가업이 순조롭고

부처님 제자로서 믿음이 견고하여

보살도 행하기를 지성축원 하옵니다.

마하반야바라밀 〔저두〕

> 준비한 선물이 있을 경우 전달한다.

7. 돌잡이

8. 발원

자비하신 부처님!

불보살님의 한없는 가피로 축복 속에서 태어난

저희 ○○가 백일(첫돌)을 맞았습니다.

태어날 때의 그 설렘이 이제는 무럭무럭 자라나는 환희로 이어집니다.

저희는 아기가 아플까 힘들까 두렵고 걱정되어

낮에도 밤에도 쉬지 않고 아이를 돌보면서 1년(백일)을 보냈습니다.

몸과 마음이 힘들었지만 아기가 몸을 뒤집고 기어다니고

말을 옹알거리고 미소를 짓는 순간마다 기쁨으로 근심을 잊었습니다.

아기를 안고서야 부모님의 사랑이

얼마나 지극했는지 몸으로 알게 되었습니다.

오직 사랑만이 생명을 태어나게 하고 자라나게 하고

안전하게 할 수 있다는 것을 깨우칩니다.

앞으로도 여러 가지 어려움이 있겠지만

아기를 사랑하는 마음을 으뜸에 놓고

온 정성을 기울이리라고 부처님 전에 다짐합니다.

바라옵건대

우리 아기가 삼보님의 충만한 가피를 입어

지혜로운 머리와 자비로 충만한 가슴

세상에 이익 되는 능력을 가진 두 손과

건강한 두 발을 갖게 하여 주소서.

또한 저희가 이 아기와의 인연을 통해

좋은 부모, 좋은 어른으로 성장할 수 있도록 이끌어 주옵소서.

마하반야바라밀 〔저두〕

생일축하 의례

• 생일축하 의례 •

1. 삼귀의

거룩한 부처님께 귀의합니다. 〔절〕

거룩한 가르침에 귀의합니다. 〔절〕

거룩한 스님들께 귀의합니다. 〔절〕

2. 고유

법주

우러러 아뢰옵니다.

삼계의 중생을 인도하는 길잡이이시며

사생으로 태어나는 중생의 자애로운 어버이이신 부처님이시여,

오늘은 ○○가 부모를 인연으로 태어난 날입니다.

이에 지극한 정성으로 삼보님과 옹호성중께 공양을 올리고

가피를 청하오니 자비로써 증명하여 주시옵소서.

3. 반야심경

마하반야바라밀다심경

관자재보살이 깊은 반야바라밀다를 행할 때 오온이 공한 것을 비추어 보고 온갖 고통에서 건너느니라.

사리자여! 색이 공과 다르지 않고 공이 색과 다르지 않으며, 색이 곧 공이요 공이 곧 색이니, 수 상 행 식도 그러하니라.

사리자여! 모든 법은 공하여 나지도 멸하지도 않으며, 더럽지도 깨끗하지도 않으며, 늘지도 줄지도 않느니라. 그러므로 공 가운데는 색이 없고 수 상 행 식도 없으며, 안 이 비 설 신 의도 없고, 색 성 향 미 촉 법도 없으며, 눈의 경계도 의식의 경계까지도 없고, 무명도 무명이 다함까지도 없으며, 늙고 죽음도 늙고 죽음이 다함까지도 없고, 고 집 멸 도도 없으며, 지혜도 얻음도 없느니라.

얻을 것이 없는 까닭에 보살은 반야바라밀다를 의지하므로 마음에 걸림이 없고 걸림이 없으므로 두려움이 없어서, 뒤바뀐 헛된 생각을 멀리 떠나 완전한 열반에 들어가며, 삼세의 모든 부처님도 반야바라밀다를 의지하므로 최상의 깨달음을 얻느니라. 반야바라밀다는 가장 신비하고 밝은 주문이며 위없는 주문이며 무엇과도 견줄 수 없는 주문이니, 온갖 괴로움을 없애고 진실하여 허망하지 않음을 알지니라. 이제 반야바라밀다주를 말하리라.

아제아제 바라아제 바라승아제 모지 사바하 (3편)

4. 정근

나무 삼계도사 사생자부 시아본사 석가모니불…… (21편)

부처님과	같은이는	천상천하	볼수없고
부처님과	비할사람	시방세계	아주없네
인간세상	온갖것을	빠짐없이	보았지만
부처님과	같으신분	어디에도	전혀없네

5. 발원문 (가족 대표)

대자대비하신 부처님

오늘 ○○○ 불자의 (○○번째) 생일을 맞아

축복하고 발원하오니 증명하여 주옵소서

저희들이 ○○○ 불자의 태어남을 헤아리건대

아버지와 어머니가 몸을 주고 목숨을 주었는데

부모님의 부모님으로 거슬러 올라가니

이 지구에 생명이 시작된 이래

단 한 번도 그 연결이 끊어지지 않았습니다.

오늘 ○○○ 불자가 지금 여기에 있으니

태어남이란 생명의 모든 역사가 빠짐없이 함께하는

경이롭고 신비한 인연입니다.

그래서 부처님께서는 나의 가치가 온 우주의 가치라고 일깨워 주셨습니다.

또 저희들이 ○○○ 불자의 살아감을 헤아리건대

저 먼 바다와 산이 만들어낸 깨끗한 공기를 숨쉬고

땅을 딛고 물을 마시는 것

온 세계 곳곳의 농부들이 기른 것을 먹는 것은

오늘 하루에 준비된 것이 아니라

우주가 생겨난 이래 지금까지의 변화가 모두 응축된

공기이고 물이고 땅이고 음식입니다.

살아가는 순간순간이 우주의 모든 역사와 함께

우주의 역사로 존재하는 것이니

○○○ 불자는 우주적인 존재이며, 우주 그 자체임을 알겠습니다.

그러하오니 거룩한 삼보이시여,
○○○ 불자가
무한한 시간과 공간의 주인공으로서
자신의 본래 면목에 맞게
맑고 밝게, 평화롭고 행복하게 살아가게 하소서.
사랑과 연민과 기쁨과 평온으로 충만하게 하소서.
함께 일하고 함께 살아가는 인연들도
함께 충만하게 하소서.

그런데 오늘의 이 놀라운 일은
우리가 알든 모르든
매 순간마다 누구에게나 일어나는 것이기도 합니다.
그러므로 우리는 순간을 영원의 가치로 여기고
언제나 최선을 다해 사랑하고 감사하고
바른 노력으로 삶의 길을 걸어가겠습니다.

소중한 도반이며 가족인
특별한 인연으로 우리에게 온
○○○ 불자님의 생일을
우리 모두 기쁘게 축하합니다.
마하반야바라밀

6. 축하의 시간

케이크 또는 떡을 함께 자른다. 준비한 선물을 전달한다.

7. 감사인사 (생일 당사자)

생일자는 가족 또는 부모에게 은혜와 감사의 인사를 한다.

거룩하신 부처님께 귀명합니다.

오늘은 저의 ○○번째 생일입니다.

가만히 생각해 보면 태어남이란

부모님의 은혜, 온 우주 만물의 은혜로 피어나는 꽃입니다.

바른 삶의 길을 밝혀주신 부처님과 가르침과 스님들께 감사드립니다.

부모님, 감사합니다.

스승님께 감사드립니다.

가족과 친구, 동료와 도반들께 감사드립니다.

내 생명의 근거가 되는 온 세상 인연에게 감사합니다.

내 생명의 가치에 맞는 삶은 더불어 함께

감사하고 겸손하고 존중하고 배려하고 보살피며,

주인공답게 살아가는 것임을 다시 마음에 새깁니다.

해마다, 달마다, 날마다, 생일의 의미가 더 아름답게 피어나도록 정진하

겠습니다.

마하반야바라밀

8. 사홍서원

중생을 다 건지오리다.
번뇌를 다 끊으오리다.
법문을 다 배우오리다.
불도를 다 이루오리다.

성년의례

• 성년의례 •

1. 명종

> 종을 다섯 번 쳐서 울린다.

2. 거불

`인례`

거룩한 부처님께 귀의합니다. 〔절〕

거룩한 가르침에 귀의합니다. 〔절〕

거룩한 스님들께 귀의합니다. 〔절〕

3. 고유

`법주`

우러러 아뢰옵니다.

자신의 업력과 부모 은혜, 삼보 은혜, 나라 은혜,

친구 은혜와 온 법계의 보살핌으로

한 생명이 태어나고 자라나서 이제 어른 됨을 기쁘게 고하오니,

- ○○ 거주하는 ○○○ 보체

- ○○ 거주하는 ○○○ 보체

이 법회 인연 공덕으로 사대육신 강건하고 지혜가 총명하며

자비심이 충만하고 신심이 견고하여 인생길 나아감에
어려움 능히 이겨내고 좌절하지 아니하며
마음속에 뜻하는 바 원만성취하기를 삼보님 전 발원하니
대자비를 드리우사 가호하여 주옵소서.

4 헌공

성년 된 사람 1명이 향 공양을 올린다.

인례

향 공양을 올리오니,
향이 스스로를 태워 온 세상을 향기롭게 하듯이
바른 삶의 향기, 선정의 향기, 통찰의 향기,
해탈의 향기, 해탈했음을 아는 향기로
나와 세상을 향기롭게 하기를 서원하며 삼배 올립니다.

목탁에 맞추어 대중 3배

성년 된 사람 1명이 초 공양을 올린다.

인례

등 공양을 올리오니,
등불이 스스로를 태워 천년 어둠을 단숨에 깨뜨리듯이
변화를 통찰하고, 관계를 통찰하며, 바른 길을 통찰하는 지혜의 빛으로 나와 세상을 밝히기를 서원하며 삼배 올립니다.

> 목탁에 맞추어 대중 삼배

> 성년 된 사람 1명이 꽃 공양을 올린다.

인례

꽃 공양을 올리오니,

꽃이 제각각의 빛깔과 향기로 세상을 아름답게 장엄하듯이

널리 이웃을 이롭게 하는 보살행으로

세상을 아름답게 가꾸기를

서원하며 삼배 올립니다.

> 목탁에 맞추어 대중 3배

5. 삼귀의 오계

인례

(이어서 삼귀의와 오계를 받아 지니겠습니다.)

법주

거룩한 부처님께 귀의하오니

대중이 함께

거룩한 부처님께서는 공양 받아 마땅하신 분,

진리를 바르게 다 아시는 분, 지혜와 덕행을 갖추신 분,

팔정도를 잘 닦아 가신 분, 세상일을 밝게 아시는 분,

위없이 거룩하신 분, 중생들을 잘 교화하는 분,

천상과 인간의 스승이신 분, 완전하게 깨달으신 분,

세상에서 가장 존귀하신 분이니 신과 인간을 비롯한

모든 존재들을 위하여 최상의 지혜로 널리 가르치셨고,

처음도 중간도 끝도 좋은 진리를 훌륭하게 설하셨으며,

완전하고 뛰어난 청정한 삶을 몸소 실천해 보이셨습니다.

부처님께 귀의하오며 절하옵니다. 〔1배〕

법주

거룩한 가르침에 귀의하오니

대중이 함께

거룩한 부처님께서 설하신 가르침은 잘 설해진 가르침이며,

즉시 결과를 주는 가르침이며, 와서 보라고 권유할 만한 가르침이며,

평화와 행복으로 인도하는 가르침이며,

지혜로운 이가 각자 알 수 있는 가르침입니다.

이 뛰어난 가르침에 귀의하오며 절하옵니다. 〔1배〕

법주

거룩한 스님들께 귀의하오니

대중이 함께

부처님의 제자들인 승가는 번뇌를 제거하도록 잘 수행하는 승가,

팔정도 십바라밀을 바르게 잘 수행하는 승가,

열반을 향해서 잘 수행하는 승가, 존경받기에 합당하게 수행하는 승가,

이분들은 네 쌍의 대장부요 여덟 무리의 성자들이며

믿음과 지혜를 갖춘 보살이니, 부처님의 제자들인 승가는

공양 올릴 가치가 있는 분들, 환영할 가치가 있는 분들,

보시 올릴 가치가 있는 분들, 합장 공경할 가치가 있는 분들이며,

이 세상에서 위없는 복을 심을 대상입니다.

이 훌륭한 승가에 귀의하오며 절하옵니다. 〔1배〕

법주

다음은 오계입니다.

첫째는 불살생이니

대중이 함께

살아 있는 생명을 해치지 않겠습니다.

법주

둘째는 불투도이니

대중이 함께

주지 않는 물건을 갖지 않겠습니다.

법주

셋째는 불사음이니

대중이 함께

그릇된 교제를 하지 않겠습니다.

법주

넷째는 불망어이니

대중이 함께

거짓말을 하지 않겠습니다.

다섯째는 불음주이니

정신을 흐리게 하는 술과 중독물을 멀리하겠습니다.

6. 계첩 수여

> 법주스님은 계첩을 수여하면서 법명의 의미를 알려 주고, 단주를
> 채워 주며 성년을 축하하는 선물을 함께 전한다.

7. 법문

> 법주스님이 계를 지니는 의미, 성년으로 사는 의미 등을 담은 법문을
> 설한다.

8. 부모님께 감사의 절하기 〔3배〕

9. 발원

> 성년식 수계자 대표가 발원문을 봉독한다.

지혜와 자비로 저희들을 인도하시는

거룩한 삼보님께 귀의하고 발원하오니

대자비를 드리우사 굽어살펴 주옵소서.
오늘은 저희가 부모님께 의지했던 두 손을 놓고
스스로의 두 발로 세상에 서는 성년의 날입니다.
저희 몸은 부모님의 피와 살이 나누어진 것이며
수많은 인연들의 은혜로운 보살핌으로 자랐으니
저희의 두 발은 오로지 고마움을 딛고 섰습니다.
이제 저희는 스스로의 눈길과 손길과 발길로
부모님의 그늘 밖으로 나아가겠습니다.
그늘 밖에서는 자기 행위에 따른 책임이 엄중하지만
업의 과보인 책임이 저희를 더 성장시킬 것입니다.

부처님께서는 속박에서 벗어난 주인공의 삶을 몸소 보여 주셨습니다.
저희들은 부처님의 가르침을 따라
학업과 기술을 배우고 익히며 삶을 건강하게 가꾸고
정당한 경제활동으로 재산을 이루고 이웃과 함께 살아가며
사회가 정의롭고 법답게 유지되도록 참여하고 활동하며
수행을 통해 마음의 평화와 지복을 함께 추구하겠습니다.

앞으로 저희가 걸어갈 인생 항로에서
언제나 삼보님을 떠나지 아니하고
지혜와 자비를 지남으로 삼아 나아가리니
저희들이 바른 길을 잃지 않도록
축복하고 보호하고 지켜 주소서.
마하반야바라밀 〔저두〕

혼인의례(1)

안내

- 혼인의례는 선남선녀가 만나 결혼을 통해 아름다운 가정을 만들어 나가는 의례입니다.

- 혼인의례는 사찰 및 예식장 어느 곳에서나 진행할 수 있습니다.

- 불교 및 우리 고유의 전통에 따라 주례 없이 결혼식을 진행하며, 스님은 증명법사로서 고불 축원문을 읽는 역할을 합니다.

- 상호 평등한 입장에서 신랑 신부가 동시 입장하는 것을 원칙으로 하지만, 집안 분위기에 따라 신랑이 먼저 입장하고 신부가 나중에 입장하는 형식을 따를 수도 있습니다.

- 고유문 형식으로 양가의 부친이 혼인을 아뢰는 혼인 선언을 식순에 넣었습니다.

- 예식장에서 혼인식을 거행할 때 단 구성은 불교를 상징하는 그림을 걸어 놓습니다.

- 예식장에서 혼인식을 진행할 때 부처님께 합장 저두를 생략할 수 있습니다.

* 요즘 많은 청춘남녀가 주례 없는 결혼식을 올립니다. 사실 주례가 등장하는 결혼식은 서양 기독교에서 유래합니다. 우리 전통 결혼식에도 주례 없이 사회자가 주요 역할을 합니다. 이러한 사회적 분위기와 우리 전통 의식, 불교식 혼인의 의미를 담아 혼인의례를 만들었습니다.

• 혼인의례(1) •

1. 개식 및 명종

"지금부터 신랑 ○○○와 신부 ○○○의 결혼식을 거행하겠습니다.

하객 여러분은 자리에 앉아 주시기 바랍니다.

사회를 맡은 저는 신랑 친구 ○○○입니다.

결혼식이 진행되는 동안 하객 여러분께서는

아낌없는 축하의 박수를 보내주시면 감사하겠습니다."

> 사찰에서 진행할 때는 종을 다섯 번 쳐서 울리고 일반 예식장에서
> 결혼할 때는 녹음된 종소리 또는 적당한 효과음을 사용한다.

2. 혼인 선언

> 혼인 선언은 양가 부친이 하객을 바라보며 진행한다.

"양가의 부친이 불보살님과 조상님, 그리고 대중들에게 혼인을 아뢰는

혼인 선언이 있겠습니다."

〔신랑의 부친〕 : "(본관, 예 – 경주김씨) 신랑 ○○○의 아버지 ○○○"와

〔신부의 부친〕 : "(본관, 예 – 전주이씨) 신부 ○○○의 아버지 ○○○"는

〔양가 부친이 함께〕 : "불보살님과 천지신명, 조상님과 대중들에게

뜻깊은 인연으로 만난 두 선남선녀의 혼인을 삼가 아룁니다."

3. 화촉 점화

"아름다운 인연으로 만난 두 사람의 앞길을 환하게 밝히는
양가 어머님들의 화촉 점화가 있겠습니다."
"두 사람을 잘 키워 주신 어머님들이 입장할 때
아낌없는 박수 부탁드립니다."
"어머님들 입장해 주세요."

화촉 점화 후

"이제 양가 어머님들은 서로 마주 보고 맞절하겠습니다."
"어머님들 맞절!"

> 신랑 신부 입장 전에 신랑 신부의 사랑이 익어 가는 과정을 담은 영
> 상을 절차에 넣어 보여 줄 수 있다.

4. 신랑 신부 입장

"불교식 전통에 따라 화동을 앞세우고
(평등한 관계 속에서 서로 존중하는 의미로)
신랑 신부가 동시에 입장하도록 하겠습니다.
두 선남선녀가 입장할 때 하객 여러분께서는
힘찬 박수를 부탁드립니다."
"신랑 신부 입장!"

5. 부처님께 합장 저두

"신랑 신부는 정면의 부처님을 향하여 합장하고 선 채로

고개를 숙여 삼배를 올리겠습니다."

"신랑 신부 부처님께 일 배, 이 배, 삼 배!"

6. 신랑 신부 맞절

"이제 두 사람이 부부가 되는 첫 인사를 나누는 맞절이 있겠습니다.
존경하는 마음을 담아 서로 인사하겠습니다."

"신랑 신부는 서로 마주봐 서 주시기 바랍니다."

"신랑 신부 맞절!"

"두 사람은 그대로 서 계시기 바랍니다."

7. 화환 헌정

"다음은 부부의 인연을 부처님께 서원하는 의미로 꽃을 공양 올리겠습니다."

"신랑, 신부. 화환 헌정!"

> 계절에 어울리는 꽃 일곱 송이가 포함된 꽃바구니를 만들어서 헌정
> 한다. 꽃바구니는 미리 준비해 두었다가 친구나 도우미가 신랑 신부
> 에게 전달하면, 신랑 신부가 꽃바구니를 헌정한다. 꽃바구니는 정
> 면의 단상에 올린다. 또는 신랑이 꽃 다섯 송이, 신부가 두 송이를
> 들고 같이 입장하여 화환을 헌정할 때 단상에 올린다.

8. 혼인 서약

> 대중들에게 밝히는 서원 형식으로 진행한다.

"이제 가족과 하객 여러분 앞에서 두 사람의 결혼을 약속하는
혼인 서약이 있겠습니다.
이 자리에 계신 가족과 하객 여러분께서는
두 사람의 혼인 서약에 증인이 되어 주시기 바랍니다.
신랑 신부는 사랑과 신뢰로 함께 하겠다는 서원을 담아
혼인 서약을 하겠습니다."

〔신랑〕 : "나 ○○○는 ○○○을 아내로 맞이하며
　　　　　원만한 가정을 이루기 위해 다음과 같이 살아갈 것을
　　　　　양가 부모님과 친지와 내외 귀빈 앞에서 서약합니다."
〔신부〕 : "나 ○○○은 ○○○를 남편으로 맞이하며
　　　　　원만한 가정을 이루기 위해 다음과 같이 살아갈 것을
　　　　　양가 부모님과 친지와 내외 귀빈 앞에서 서약합니다."

〔신랑〕 : "서로의 차이를 인정하여 아내의 의견을 존중하고
　　　　　아름다운 언어를 사용하겠습니다.
　　　　　설령 서로 다른 의견이 있을 때는
　　　　　한 발자국 물러나 자신을 뒤돌아보며,
　　　　　아내의 의견을 경청하는 습관을 기르겠습니다."
〔신부〕 : "저 역시 남편과 의견이 다를 수 있음을 알아
　　　　　각자의 고유한 의견을 존중하며
　　　　　남편의 장점을 보고 나의 단점을 살피며,
　　　　　조급함을 떨쳐내어 길고 먼 삶의 동반자로 늘 함께하겠습니다."

〔신랑〕 : "각자 역할을 성실히 실천하되 남편으로 아내의 언덕이 되고

향후 만나게 될 아이들의 자랑스러운 아버지가 되기 위해

건강한 몸과 마음을 유지하도록 노력하겠습니다."

〔신부〕: "서로의 일을 잘 이해하고 존중하며,

가정은 편안하고 즐거운 쉼터가 되고

에너지를 충전하는 건강한 터전이 될 수 있도록 노력하겠습니다."

〔신랑〕: "오늘이 있기까지 보살펴 준 양가 부모님의 은혜를 잊지 않고

공경한 마음으로 예의를 다하며,

무엇보다 집안의 화평을 위해 노력하며,

좋은 일 궂은일을 만날지라도

오늘 다진 거룩한 맹세를 되새기겠습니다."

〔신부〕: "낳아 주신 부모님을 떠나 당신을 남편으로 맞이하며

새로 모시게 되는 부모님을 낳아 주신 부모님과 다름없이

공경히 받들어 평화로운 집안이 이뤄지도록 애쓰겠습니다."

〔신랑〕: "백 마디 사랑의 언약보다 묵묵히 실천하는 한결같은

남편이 될 것을 양가 부모님과 친지 앞에서

엄숙히 서약하며 변함없이 당신을 사랑하겠습니다."

〔신부〕: "하루하루 사랑하고 존경하며 믿고 감사하며

한결같은 마음으로 당신과 함께할 것을

우리의 혼인을 증명해 주시는 소중한 분들 앞에서 서약합니다.

당신을 사랑합니다."

불기 25○○. ○○. ○○.

신랑 ○○○ 신부 ○○○

9. 예물 교환

"서원과 약속의 징표로서 예물을 교환하도록 하겠습니다."

"먼저 신부가 신랑의 손에 반지를 끼워 주겠습니다."

"이어 신랑이 신부에게 반지를 끼워 주겠습니다."

10. 성혼 선언

"이제 두 사람의 혼인이 원만하게 성사되었음을
부모님과 친지, 하객 모두가 증명하는 성혼 선언이 있겠습니다.
사회자가 "증명하십니까?"라고 물으면
여러분들은 다 함께 "증명합니다"라고 대답해 주십시오."

사회자 : "증명하십니까?"
참석 대중 : "증명합니다." `사회자도 함께`
사회자 : "증명하십니까?"
참석 대중 : "증명합니다." `사회자도 함께`
사회자 : "증명하십니까?"
참석 대중 : "증명합니다." `사회자도 함께`

사회자 : "하객 여러분들은 큰 박수를 보내 주시기 바랍니다."

11. 고불

"다음은 오늘 이렇게 수억 겁의 인연으로 맺어진 신랑 신부의 혼례를
부처님께 고하고 그 가피를 청하는 고불문 봉독을

증명법사님이 해 주시겠습니다."

고불문

`풍송조로`

우러러 아뢰옵니다.

증명법사 ○○○는 삼가 부처님께 아뢰옵니다.
하늘에 달이 밝고 땅 위에 물이 맑으면 물 있는 곳마다
달이 비추듯이 우리들의 마음이 맑으면
부처님은 언제나 우리와 함께한다고 말씀하셨습니다.
오늘 신랑 선남자 ○○○와 신부 선녀인 ○○○는
깊은 사랑과 보살핌으로 부부되기를 부처님께 서원하오니
위없는 자비광명을 드리워 주옵소서.
처음 발심하는 순간이 깨달음의 자리라 하였듯이
두 사람이 항상 초심을 잃지 말고 자신을 뒤돌아보며
아름다운 사랑의 결실을 맺도록
부처님이시여 가피하여 주옵소서.
아울러 이 자리에 참석한 모든 사람들이
평화롭고 행복하기를 기원합니다.

나무석가모니불 나무석가모니불 나무시아본사석가모니불

12. 축하 의례

"오늘 이 경사스러운 날에 두 사람이 내딛는 발자국마다 아름다운 햇살 가득하도록 흥을 돋우어 주는 축가가 있겠습니다."
"축가는 ○○○가 해 주겠습니다. 제목은 ○○○입니다."

13. 감사 인사

부모님께 인사

"낳아 주시고 길러 주신 양가 부모님께 인사드리는 시간이 되었습니다.
먼저 신부 측 부모님께 인사를 올리겠습니다."
"신랑 신부 인사!"
"다음은 신랑 측 부모님께 인사를 드리겠습니다."
"신랑 신부 인사"

하객 인사

"그리고 오늘 두 사람을 축하해 주기 위해 귀한 시간을 내어
이 자리에 참석하신 분들에게 인사를 올리도록 하겠습니다.
양가 부모님께서도 앞으로 나오셔서 함께 인사를 해 주시기 바랍니다."
"하객 여러분께 인사!"

14. 혼인 행진

"결혼식의 마지막 순서로 많은 분들의 축하 속에서
부부가 된 두 사람이 첫발을 힘차게 내딛는 행진이 있겠습니다.
하객 여러분들은 잠시 자리에서 일어나서서 큰 박수로
두 선남선녀의 앞길을 축해해 주시기 바랍니다."
"신랑 신부 행진!"

15. 폐회

"이것으로 신랑 ○○○와 신부 ○○○의 결혼식을 모두 마치겠습니다.
참가해 주시고 축하해 주신 하객 여러분들께
깊은 감사의 말씀을 올립니다."

16. 기념사진 촬영

혼인의례(2)

안내

· 이 혼인의례는 사찰에서 진행하는 의례로 석문의범과 현대 결혼식 상황을 참고하여 구성하였습니다.

혼인의례(2)

1. 명종

사회

지금부터 신랑 ○○○와 신부 ○○○의 혼인의례를 봉행하겠습니다.

하객 여러분은 자리에 앉아 주시기 바랍니다.

사회를 맡은 저는 ○○○입니다.

혼인식이 진행되는 동안 하객 여러분께서는

아낌없는 축하의 박수를 보내 주시면 감사하겠습니다.

종을 다섯 번 쳐서 울린다.

2. 청성

사회

다음은 이 혼인식을 증명하실 삼보님과 호법성중을 모시겠습니다.

인례

향 꽃으로 청하옵고

향 꽃으로 맞이하니

시회대중 일심봉청

시방삼세 일체제불

시방삼세 일체존법
시방삼세 일체승보
옹호회상 호법선신이여
이 법회에 강림하사 증명하여 주옵소서. 〔저두〕

3. 육법 공양

> 향 – 차 – 쌀 – 과일 – 꽃 – 등의 순서로 공양을 진행한다.
> 향로는 제일 중앙에 놓고, 향로의 왼쪽으로 차, 향로의 오른쪽으로
> 쌀, 차의 왼쪽으로 과일, 쌀의 오른쪽으로 꽃, 그리고 양쪽 가장자리에
> 왼쪽은 청색 등, 오른쪽은 붉은색 등을 놓는다. 청색 등과 붉은색
> 등은 양가의 어머니가 공양 올린다.

향 공양을 올릴 때

사회

향 공양을 올리오니
이 공덕으로 사랑과 행복의 향기가 넘치는 부부가 되어지이다.

차 공양을 올릴 때

사회

차 공양을 올리오니
이 공덕으로 맑고 아름다운 부부가 되어지이다.

쌀 공양을 올릴 때

사회

쌀 공양을 올리오니

이 공덕으로 만족을 알아 가난하지 않은 부부가 되어지이다.

과일 공양을 올릴 때

사회

과일 공양을 올리오니

이 공덕으로 계획하는 일들을 원만 성취하는 부부가 되어지이다.

꽃 공양을 올릴 때

사회

꽃 공양을 올리오니

이 공덕으로 칭찬과 명예를 얻는 부부가 되어지이다.

등 공양을 올릴 때

사회

등 공양을 올리오니

이 공덕으로 어떤 어려움과 어둠도 지혜롭고 밝게 극복하는
부부가 되어지이다.

4. 신랑 신부 입장

사회

이제 이 공간에 삼보님과 호법성중의 거룩한 기운이 충만합니다.

다음은 오늘의 주인공인 신랑 신부가 입장하겠습니다.

큰 박수로 맞이해 주십시오.

> 화동이 청사초롱 - 쇄수(灑水) - 산화(散花)하면서 길을 인도하고,
> 신랑 신부가 함께 들어온다.

신랑 신부, 부처님 전 삼배!

> 신랑 신부는 3배를 드린다.
> 다만 옷차림이 큰절을 하기에 불편할 경우 합장 저두한다.

5. 청사

법사이운

다음은 이 혼인식의 증명법사이신 ○○스님을 청하여 모시겠습니다.

> 신랑과 신부는 법사석에 앉아 있는 스님에게 가서 합장 저두한다.
> 스님이 일어나면 신랑과 신부는 자기 자리로 돌아온다.
> 스님은 단상에 자리한다.

6. 헌화

석가모니 부처님께서 전생에 수메다 바라문일 때
수밋따 여인으로부터 다섯 송이 꽃을 받아 연등부처님께 공양을 올렸고,
수밋따 여인은 남은 두 송이 꽃을 부처님께 공양 올리면서
세세생생 부부의 인연을 발원했습니다.

그리하여 한량없는 생을 거듭하면서

두 사람은 부부가 되어 함께 정진하였고 최후의 생에서는

싯다르타 왕자와 야소다라 공주가 되어 완전한 열반을 성취했습니다.

오늘 신랑이 다섯 송이의 꽃을 올리고

신부가 두 송이 꽃을 올리는 것도 같은 뜻입니다.

두 사람이 세세생생 부부가 되어 아끼고 사랑하며

함께 향상의 길로 나아가는 서원의 꽃을 올리오니

삼보시여 자비를 드리우사 이 공양을 받으소서.

> 신랑과 신부는 꽃을 증명법사 스님께 올리고, 증명법사 스님은 꽃을 받아 부처님 전에 바친다.

7. 혼인서약

증명법사

오늘 이 기쁜 자리에 두 사람의 혼인을 축하하기 위해 와 주신

양가 부모, 친지와 하객 여러분들께 감사드립니다.

법사는 대중의 뜻에 따라 이제 혼인 갈마를 진행하겠습니다.

신랑 ○○○는 신부를 사랑하고 존중하며

헌신하는 남편의 도리를 이 생이 다하도록 잘 지키겠는가?

> 신랑은 합장하고 저두하면서 "네" 하고 대답한다.

신부 ○○○는 신랑을 사랑하고 존중하며

헌신하는 아내의 도리를 이 생이 다하도록 잘 지키겠는가?

증명법사

신랑과 신부가 부부가 되어 평생 서로를 사랑하고 존중하며
헌신하겠노라고 밝혔습니다.
대중께서 묵연하신 고로
법사는 오늘의 혼인이 원만하고 법답게 이루어졌음을 선언합니다.

8. 예물 교환

사회

신랑과 신부는 서로를 향해 돌아서서 맞절하십시오.
하객 여러분은 큰 박수를 보내 주십시오.
신랑 신부 맞절!

이어서 예물을 교환하겠습니다.

9. 축원

사회

이어서 증명법사님께서 삼보전에 축원을 올리시겠습니다.

증명법사

우러러 아뢰오니

시방삼세 영원토록 항상하신 삼보전에
저희들이 일심정성 우러러 아뢰오니
대자대비 베푸시어 거두어 주옵소서

오늘 ○○ 도량에서 혼인식을 맞아
증명 맡은 사문 ○○는 삼가 부처님께 아뢰옵니다.
지금 신랑 선남자 ○○○와 신부 선녀인 ○○○는
깊은 사랑과 보살핌으로 부부되기를 부처님께 서원하고
대중에게 널리 아뢰오니
위없는 자비광명을 드리워 주옵소서.
세세생생 쌓은 인연이 금생으로 이어지니
오늘부터 오래도록 흔들림 없이 사랑하고
하심하고 수순하며 존중하고 헌신하여
어려운 경계를 수행처 삼아 정진하여
나날이 향상하는 불자 부부가 되게 하옵소서.
아울러 오늘 동참 시회대중 모두가
이 부부를 수호하고 좋은 도반 되어 주며
심신이 건강하고 감각기관 청정하며
마음속에 바라는 일 뜻과 같이 원만성취 하여지이다.
나무석가모니불
나무석가모니불
나무시아본사석가모니불 〔범음〕

사회
신랑과 신부는 증명법사님에게 두 손 모아 감사의 절을 올리십시오.

10. 축가

사회

오늘 이 경사스러운 날에 두 사람이 내딛는 발자국마다
아름다운 햇살 가득하도록 축복을 담은 축가가 있겠습니다.
축가는 ○○○가 해 주겠습니다. 제목은 ○○○입니다.

11. 부모 인사

사회

오늘의 신랑 신부는 부모를 땅으로 하고 부모를 뿌리로 하여
태어나고 자라났습니다. 이제 부부가 되어 가정을 이루게 되었으니
이렇게 훌륭하게 낳아 주고 길러 주신 부모님께 인사를 드려야 하겠습니다.
신랑 신부는 먼저 신부 가족에게 가서 인사를 올리십시오.
신랑 신부, 인사!

다음으로 신랑 신부는 신랑 가족에게 가서 인사를 올리십시오.
신랑 신부, 인사!

12. 하객 인사

사회

이제 신랑 신부와 가족들께서 오늘 이 자리를 빛내고
혼인을 증명하고 앞으로 이 부부를 지켜 주기 위해 오신
하객들께 인사를 드리겠습니다.
신랑 신부와 가족들은 가운데로 나와서 하객을 향해 주십시오.

하객들께 인사!

13. 혼인 행진

사회

이제 마지막 순서가 남았습니다.
불법승 삼보의 증명과 많은 분들의 축하 속에서 부부가 된 두 사람이
이제 함께 인생의 첫발을 힘차게 내딛겠습니다.
하객 여러분께서는 잠시 자리에서 일어나 큰 박수로
선남선녀의 앞길을 축복해 주시기 바랍니다.
"신랑 신부 행진!"

14. 공지사항

식장 중앙에서 기념촬영을 합니다.

기념촬영은 가족, 친지와 친구 순서로 진행합니다.

식사를 하실 분은 ○○○에서 식사를 해 주시면 되겠습니다.

오늘 차량을 운전해 오신 분은 ○○○로 가시면

주차증에 주차비 할인 도장을 찍어 드립니다.

15. 폐회

이상으로 신랑 ○○○와 신부 ○○○의 결혼식을 모두 마치겠습니다.

오늘 혼인식을 증명해 주신 ○○스님,

(　　)을 도와주신 ○○○님, 바쁘신 중에도 함께해 주신

하객 여러분들께 깊은 감사의 말씀을 올립니다.

임종의례

안내

- 임종의례는 사망을 앞둔 환자의 상황이 많이 나빠져서 의식이 사라져 갈 때 행합니다.

- 임종의례의 주안점은 환자의 일생을 정리하면서 참회하고 원결을 풀며, 삼귀의와 오계를 수지하고 상품상생을 발원하는 데 있습니다.

- 사람의 육근 가운데 이근(耳根)이 마지막까지 열려 있으므로 반응이 없다고 하더라도 정성스럽게, 또렷하게 의식을 진행합니다.

- 임종의례는 스님이나 포교사, 재가법사가 진행합니다. 요령과 목탁은 임종을 앞둔 상황, 공간 특성을 고려해 작게 소리를 내고, 최소한으로 소리를 냅니다.

- 가족은 임종환자의 손을 잡고 염불합니다.

- 임종의례 후 임종할 때까지 아미타불 염불, 금강경, 무상계 독송, 광명진언 송주 등을 합니다.

• 임종의례(광본) •

1. 천수경

대중이 함께

> 불자인 경우 천수경을 독송하면 마음의 안정을 얻을 수 있으므로
> 시간이 허락한다면 천수경을 독송한다.

2. 거불

인례

거룩한 부처님께 귀의합니다. [절]

거룩한 가르침에 귀의합니다. [절]

거룩한 스님들께 귀의합니다. [절]

3. 참회 발원

인례

○ ○ ○ 불자여, 잘 들으소서.

불자님의 업을 씨앗으로 부모님을 인연하여

이 세상에 태어나 한 생애를 이렇게 살으셨네.

철석같던 이 육신도 세월의 무상함을 이기지 못하옵고

병고 앞에 약해져서 내일을 기약하기 어렵도다.

사대육신 낡아지니 여기저기 통증이요
눈귀코혀 감각기관 어지럽고 둔감하며
무엇 하나 하려 하면 피곤함이 앞장서니
사는 것도 이제는 버거운 일 되었다네.

○○○ 불자여,
착한 일을 하고 나면 착한 결과 일어나고
나쁜 일을 하고 나면 나쁜 결과 일어나니
착한 업이 충만하면 금생이든 내생이든
좋은 과보 만나지니 걱정할 것 없사오며
나쁜 업이 많았다면 금일금시 마음 돌려
참회하고 다스려서 나쁜 과보 없앤다면
이생을 마침에 근심걱정 없으리니.

○○○ 불자여,
전생부터 지금까지 지어 왔던 악한 업을
부처님의 진언가지 힘을 입어 지심참회 하옵소서.

참회진언
옴 살바 못자모지 사다야 사바하 (7편)

○○○ 불자여,
마음속에 응어리진 원망애착 그 모두는 짐 되오니
부처님의 진언가지 힘을 입어 놓으소서.

해원결진언

옴 삼다라 가다 사바하 (7편)

○○○ 불자여,

몸이 점점 무거울 때 홀연히 밝은 빛이 나타나면

그 빛 따라 광명세계 나가소서.

광명진언

옴 아모가 바이로차나 마하무드라 마니파드마 즈바라 프라바르타야 훔

(7편)

4. 수계

법주

○○○ 불자여,

이제 삼보에 귀의하소서.

삼보는 부처님과 부처님의 가르침과

부처님의 가르침을 따르는 승가입니다.

한 구절씩 선창할 테니 마음으로 따라 하소서.

거룩한 부처님께 귀의합니다. [저두]

거룩한 가르침에 귀의합니다. [저두]

거룩한 스님들께 귀의합니다. [저두]

○○○ 불자여, 다음은 오계입니다.

계는 고해를 건너는 배이며 해탈로 인도하는 사다리와 같습니다.
계를 받는 것은 불자님에게 큰 이익이 됩니다.
한 계목씩 알려드리고 지키겠는가 하고 물으면
지키겠다고 마음으로 대답하십시오.

첫째는 불살생이니 살아 있는 생명을 죽이지 말지니
이 계를 지키겠습니까? 지키겠습니다.
둘째는 불투도이니 주어지지 않은 것을 취하지 말지니
이 계를 지키겠습니까? 지키겠습니다.
셋째는 불사음이니 불륜하지 말지니
이 계를 지키겠습니까? 지키겠습니다.
넷째는 불망어이니 거짓된 말을 하지 말지니
이 계를 지키겠습니까? 지키겠습니다.
다섯째는 불음주이니 술과 취하는 것을 섭취하지 말지니
이 계를 지키겠습니까? 지키겠습니다.

○○○ 불자여,
불자께서는 삼보에 귀의하고 오계를 지키겠다고 서약했으므로
법사는 불자님에게 ○○라는 법명을 드리겠습니다.
이 법명을 잘 지니고 기억하시기 바랍니다.

5. 발보리심

법주

○○○ 불자여,

이제 수계를 하였으니 청정한 삶과 수행을 통해
부처님 길 가리라고 큰 서원을 세우소서.
모든 고통 받는 중생을 구제하는
보살이 되겠다는 마음을 내는 것을 발보리심이라 합니다.

발보리심진언

옴 모지 짓다 못다 바나야 믹 (7편)

6. 왕생 발원

법주

○○○ 불자여,
성불의 길을 서원하였으니 언제 어느 곳에서라도
더러움에 물들지 않는 연꽃처럼 맑고 향기로운 삶을 살아가소서.
아미타 부처님께서 특별히 극락정토를 건설하시고
공덕이 있는 이들을 이끌어 주시니
이제 극락세계에 노닐면서 성불의 길을 이루소서.

상품상생진언

옴 마리다리 훔훔 바탁 사바하 (7편)

7. 임종법문 게송

풍송조로

대중이 함께

불자시여　　저희들이　　일심으로　　염불하니
무명업장　　소멸하고　　반야지혜　　드러내어
생사고해　　벗어나서　　해탈열반　　성취하사
극락왕생　　하옵시고　　모두성불　　하옵소서

사대육신　　허망하여　　결국에는　　사라지니
이 육신에　　집착 말고　　참된 도리　　깨달으면
모든 고통　　벗어나고　　부처님을　　친견하리

살아생전　　애착하던　　사대육신　　무엇인가
한순간에　　숨 거두니　　주인 없는　　목석일세.
인연 따라　　모인 것은　　인연 따라　　흩어지니
태어남도　　인연이요　　돌아감도　　인연인 걸
그 무엇을　　애착하고　　그 무엇을　　슬퍼하랴

몸뚱이를　　가진 자는　　그림자가　　따르듯이
일생동안　　살다보면　　죄 없다고　　말 못하리
죄의 실체　　본래 없어　　분별 따라　　생기나니
분별집착　　없어지면　　죄업 또한　　사라지네
허망분별　　사라지고　　죄업 역시　　사라지니
두 가지를　　다 없애면　　참회했다　　말하리라

한 마음이　　청정하면　　온 세계가　　청정하니
모든 업장　　참회하여　　청정으로　　돌아가면
불자님이　　가시는 길　　광명으로　　가득하리

가시는 길　천리만리　극락정토　어디인가
번뇌망상　없어진 곳　그 자리가　극락이니
삼독심을　버리고서　부처님께　귀의하면
무명업장　벗어나서　극락세계　왕생하리

모든 것은　무상하여　태어나면　결국 죽네
태어났다　죽는 것은　모든 생명　이치이니
권력으로　재력으로　온 천하를　호령해도
결국에는　죽는 것을　불자님은　모르는가

불자시여　어디에서　이 세상에　오셨다가
가신다니　가시는 곳　어디인줄　아시는가
태어났다　죽는 것은　중생계의　흐름이라
이곳에서　가시며는　저 세상에　태어나니
오는 듯이　가시옵고　가는 듯이　오신다면
이 육신의　마지막을　걱정할 것　없잖은가

일가친척　많이 있고　부귀영화　높았어도
죽는 길엔　누구 하나　힘이 되지　못한다네
맺고 쌓은　모든 감정　가시는 길　짐 되오니
염불하는　인연으로　남김없이　놓으소서

미웠던 일　용서하고　탐욕심을　버려야만
청정한　마음으로　불국정토　가시리라
삿된 마음　멀리하고　미혹함을　벗어나야

반야지혜   이루시고   왕생극락   하오리다

본마음은   고요하여   옛과 지금   없다 하니
태어남은   무엇이고   돌아감은   무엇인가
부처님이   관 밖으로   양쪽 발을   보이셨고
달마대사   총령으로   짚신 한 짝   갖고 갔네
이와 같은   높은 도리   불자님이   깨달으면
생과 사를   넘었거늘   그 무엇을   슬퍼하랴

뜬구름이   모였다가   흩어짐이   인연이듯
중생들의   생과 사도   인연 따라   나타나니
좋은 인연   간직하고   나쁜 인연   버리시면
이다음에   태어날 때   좋은 인연   만나리라

사대육신   흩어지고   업식 만을   가져가니
탐욕심을   버리시고   미움 또한   거두시며
사견마저   버리시어   청정해진   마음으로
부처님의   품에 안겨   왕생극락   하옵소서

돌고 도는   생사윤회   자기 업을   따르오니
오고 감을   슬퍼말고   환희롭게   발심하여
무명업장   밝히시면   무거운 짐   모두 벗고
삼악도를   뛰어넘어   극락세계   가오리다

이 세상에   처음 올 때   불자님은   누구셨고

사바 일생 　마치시고 　가시는 이 　누구신가
물이 얼어 　얼음 되고 　얼음 녹아 　물이 되듯
이 세상의 　삶과 죽음 　물과 얼음 　같으오니
육친으로 　맺은 정을 　가벼웁게 　거두시고
청정해진 　업식으로 　극락왕생 　하옵소서

불자시여 　사바 일생 　마치시는 　임종시에
지은 죄업 　남김없이 　부처님께 　참회하고
한순간도 　잊지 않고 　부처님을 　생각하면
가고 오는 　곳곳마다 　그대로가 　극락이니

첩첩 쌓인 　푸른 산은 　부처님의 　도량이요
맑은 하늘 　흰 구름은 　부처님의 　발자취며
뭇 생명의 　노래 소리 　부처님의 　설법이고
대자연의 　고요함은 　부처님의 　마음이니
불심으로 　바라보면 　온 세상이 　불국토요
범부들의 　마음에는 　불국토가 　사바로다

애착하던 　사바 일생 　하룻밤의 　꿈과 같고
나다 너다 　모든 분별 　실체 없어 　허망하니
빈손으로 　오셨다가 　빈손으로 　가시거늘
그 무엇에 　얽매여서 　극락왕생 　못할손가

저희들이 　일심으로 　독송하는 　염불 따라
지옥세계 　무너지고 　맺힌 원한 　풀어지니

아미타불   극락세계   상품상생   하옵소서 〔저두〕

8. 미타염불

대중이 함께

나무 서방정토 극락세계 무량수 여래불 나무아미타불…… (백천번)

장엄염불

원하오니	저희 목숨	다할 때까지
어느 때나	아미타불	항상 외우며
마음마다	옥호광명	떠올리면서
생각마다	금빛 모습	간직하오며

염주 들고	시방법계	관하옵나니
허공으로	끈을 삼아	모두 꿰어서
평등하신	노사나불	항상 계시니
서방정토	아미타불	관하옵니다.

나무서방대교주 무량수여래불 나무아미타불…… (21편)

극락세계십종장엄

법장비구	서원 세워	인행 닦은	장엄이요,	나무아미타불
사십팔원	성취하신	그 원력의	장엄이요,	나무아미타불
아미타불	명호 속의	무량수광	장엄이요,	나무아미타불
세 분 성현	보배로운	상호의	장엄이요,	나무아미타불

아미타불 극락국토 안락한 장엄이요, 나무아미타불
보배 강물 맑고 맑은 공덕수의 장엄이요, 나무아미타불
보배궁전 여의누각 아름다운 장엄이요, 나무아미타불
낮과 밤이 길고 길어 긴시간의 장엄이요, 나무아미타불
이십사 종 기쁨 가득 극락정토 장엄이요, 나무아미타불
삼십 종의 이로운 일 공덕의 장엄이라. 나무아미타불

아미타 부처님은 어느 곳에 계시는가 나무아미타불
마음깊이 새겨두고 간절하게 잊지 마소 나무아미타불
생각하고 생각하여 무념처에 이른다면 나무아미타불
여섯문이 어느 때나 금색광명 빛나리라. 나무아미타불

겹겹으로 푸른 산은 아미타불 법당이요 나무아미타불
아득하게 너른 바다 적멸보궁 도량이라 나무아미타불
세상만사 무얼 해도 걸릴 것이 없으리니 나무아미타불
소나무 위 학의 머리 붉은 것을 보게 되리. 나무아미타불

서방정토 극락세계 만월같은 아미타불 나무아미타불
금빛몸과 옥빛광명 온허공을 비추나니 나무아미타불
누구든지 일념으로 아미타불 부른다면 나무아미타불
순식간에 무량공덕 원만하게 이루리라. 나무아미타불

삼계윤회 도는 것이 두레박질 같으오니 나무아미타불
백천만겁 지나도록 한량없이 오고갔네 나무아미타불
이 몸 받은 금생 안에 깨달음을 못 얻으면 나무아미타불

어느 생에   다시 나서   이 내 몸을   건지리오.   나무아미타불

한밤중에   절 마루에   말없이   앉아보니   나무아미타불
고요하고   쓸쓸하여   본래자연   그 자리라.   나무아미타불
서쪽바람   건듯 불어   숲 흔들려   바라보니   나무아미타불
찬기러기   울음소리   긴 하늘을   갈라놓네.   나무아미타불

보신화신   참 아니니   삿된 인연   끝내오면   나무아미타불
불법신이   청정하여   넓고 넓어   가없어라.   나무아미타불
일천 강의   물 위에는   일천 개의   달이 뜨고   나무아미타불
만리장천   구름 없어   하늘 또한   가없도다.   나무아미타불

세존께서   어느 하루   설산 속에   드시고는   나무아미타불
한번 앉아   여섯 해가   지난지도   모르셨네.   나무아미타불
밝은 샛별   보는 순간   깨달았다   하셨으니   나무아미타불
한소식에   깨친 말씀   온세계에   두루하네.   나무아미타불

원만하온   깨침산에   한나무가   자리하여   나무아미타불
하늘과 땅   나뉘기 전   꽃봉오리   맺었다네.   나무아미타불
푸르지도   하얗지도   까맣지도   아니하고   나무아미타불
춘풍에도   하늘에도   존재하지   않는다네.   나무아미타불

천길되는   낚싯줄을   곧게 바로   드리우니   나무아미타불
한물결이   일어나매   만물결이   따르도다.   나무아미타불
적막한 밤   물은 차서   고기 물지   아니하니   나무아미타불

| 한 배 가득 | 텅빈 채로 | 달빛 신고 | 돌아오네. | 나무아미타불 |

아미타불	원력바다	모두 함께	들어가서	나무아미타불
미래세가	다하도록	모든 중생	제도하고	나무아미타불
너나없이	모두 함께	성불하기	원합니다.	나무아미타불

서방정토 극락세계 장대한 몸과 가없는 상호를 지니셨고
금빛 광명으로 온 법계 비추시며,
사십팔원으로 항하의 모래알보다
더 많은 한량없는 중생을 건지시고,
삼백육십만억 일십일만 구천오백의 이름으로 불리며,
대자비로 우리를 이끄시는 스승이신
금색여래 아미타 부처님께 귀명합니다.

아미타불본심미묘진언
다냐타 옴 아리다라 사바하 (3편)

서방정토 극락으로 중생인도 하옵시는
아미타 부처님께 머리숙여 절하오며
제가 이제 일심으로 극락왕생 발원하니
자비하신 원력으로 거두어 주옵소서. 〔저두〕

9. 임종 발원문

법주

천강을 비추는 달처럼

중생 소망 따라 감응하시는 부처님!

○○○ 불자가 세상 인연이 다하여

아미타 부처님 품으로 가고자 하오니

삼귀의 오계 수지하고 업장을 참회하고 발보리심 공덕으로

생전의 악업이 소멸되고 극락세계의 문이 활짝 열려

극락왕생 하도록 가피하고 인도하여 주소서.

무량한 광명의 아미타 부처님!

다겁생의 인연으로 이생에서 가족으로 만났다가

이별을 앞둔 슬픔에 안타까움을 금하지 못하고 있습니다.

만난 이가 헤어짐은 필연이지만 업의 힘은 한순간 단절되지 않나니,

신실한 불자로 금생을 잘 보내고

훗날 극락세계 아미타 부처님 회상에서

다시 만날 수 있도록 이끌어 주옵소서.

○○○ 불자여, 금생에 맺은 애착이나 미움들은

극락왕생 장애하는 짐이 되나니

마지막 마음을 청정하고 평온하게 하소서.

그리하여 극락세계 칠보연못 연꽃 속에 태어나서

부처님의 보호 받고 법락을 누리소서.

이제 남은 가족과 ○○○와 인연 맺은 사람들은

아미타불의 가피와 ○○○의 극락왕생 깊이 믿고

오로지 일념으로 염불하오니

거룩하신 부처님이시여, 이 법요를 증명하고 가호하소서.

마하반야바라밀 〔저두〕

10. 가족 인사

가족 가운데 임종을 앞둔 이에게 전할 말이 있는 경우 이 시간에
전한다. 금생 인연이 되어준 데 대한 고마움, 남은 가족 걱정하지
말고 자유롭게 극락왕생하시라는 내용을 포함한다.
인사말이 끝나면 임종할 때까지 아미타불 정근을 한다.

• 임종의례(약본) •

1. 거불

인례

거룩한 부처님께 귀의합니다. 〔절〕

거룩한 가르침에 귀의합니다. 〔절〕

거룩한 스님들께 귀의합니다. 〔절〕

2. 참회 발원

인례

○○○ 불자여,

그동안 의욕적으로 살아왔던 이번 생애의 삶을

마무리할 때가 다가왔습니다.

살아오면서 좋은 업도 많이 지었지만 욕심내고 분노 질투에 휩싸이고

진리에 무지하여 나쁜 업을 짓기도 했습니다.

생사윤회의 주인공은 내가 지은 업이니,

착한 업은 극락불찰로 인도하지만 악업은 삼악도로 향하게 합니다.

그러니 지금까지 지어 왔던 악업을 부처님의 비밀한 진언가지 힘을 입어

참회하고 모든 맺힌 마음을 풀어 버리십시오.

참회진언

옴 살바 못자모지 사다야 사바하 (7편)

해원결진언

옴 삼다라 가다 사바하 (7편)

멸악취진언

옴 아모가 바이로차나 마하무드라 마니파드마 즈바라 프라바르타야 훔
(7편)

3. 수계

법주

○○○ 불자여,

이제 삼보에 귀의하십시오.

삼보는 부처님과 부처님의 가르침과

부처님의 가르침을 따르는 승가를 의미합니다.

이제 한 구절씩 선창할 테니 마음으로 따라 하십시오.

거룩한 부처님께 귀의합니다.

거룩한 가르침에 귀의합니다.

거룩한 스님들께 귀의합니다.

○○○ 불자여, 다음은 오계입니다.

계는 고해를 건너는 배이며 해탈로 인도하는 사다리와 같습니다.

이전에 수계를 했더라도 다시 계를 받는 것은
불자님에게 더 이익이 됩니다.
한 계목을 잘 듣고 잘 지키겠다고 마음에 새기십시오.

첫째는 불살생이니 살아 있는 생명을 죽이지 말지어다.
둘째는 불투도이니 주어지지 않은 것을 취하지 말지어다.
셋째는 불사음이니 불륜하지 말지어다.
넷째는 불망어이니 거짓된 말을 하지 말지어다.
다섯째는 불음주이니 술과 취하는 것을 섭취하지 말지어다.

○○○ 불자여,
삼보님께 귀의하고 5계수지 서약했으니
법사는 불자님에게 ○○라는 법명을 드립니다.
이 법명을 잘 지니고 기억하시기 바랍니다.

4. 미타염불

대중이 함께

이제 아미타 부처님의 명호를 염송하리니
오직 아미타 부처님을 일심으로 염하소서.
일심염불 하면 아미타불께서 영가님을 인도하여
극락세계 구품연화대에 나게 할 것입니다.

나무 서방정토 극락세계 무량수 여래불 나무아미타불…… (백천번)

장엄염불

원하오니	저희 목숨	다할 때까지
어느 때나	아미타불	항상 외우며
마음마다	옥호광명	떠올리면서
생각마다	금빛 모습	간직하오며

염주 들고	시방법계	관하옵나니
허공으로	끈을 삼아	모두 꿰어서
평등하신	노사나불	항상 계시니
서방정토	아미타불	관하옵니다.

나무서방대교주 무량수여래불 나무아미타불…… (21편)

극락세계십종장엄

법장비구	서원 세워	인행 닦은	장엄이요,	나무아미타불
사십팔원	성취하신	그 원력의	장엄이요,	나무아미타불
아미타불	명호 속의	무량수광	장엄이요,	나무아미타불
세 분 성현	보배로운	상호의	장엄이요,	나무아미타불
아미타불	극락국토	안락한	장엄이요,	나무아미타불
보배 강물	맑고 맑은	공덕수의	장엄이요,	나무아미타불
보배궁전	여의누각	아름다운	장엄이요,	나무아미타불
낮과 밤이	길고 길어	긴시간의	장엄이요,	나무아미타불
이십사 종	기쁨 가득	극락정토	장엄이요,	나무아미타불
삼십 종의	이로운 일	공덕의	장엄이라.	나무아미타불

아미타	부처님은	어느 곳에	계시는가	나무아미타불
마음깊이	새겨두고	간절하게	잊지 마소	나무아미타불
생각하고	생각하여	무념처에	이른다면	나무아미타불
여섯문이	어느 때나	금색광명	빛나리라.	나무아미타불

겹겹으로	푸른 산은	아미타불	법당이요	나무아미타불
아득하게	너른 바다	적멸보궁	도량이라	나무아미타불
세상만사	무얼 해도	걸릴 것이	없으리니	나무아미타불
소나무 위	학의 머리	붉은 것을	보게 되리.	나무아미타불

서방정토	극락세계	만월같은	아미타불	나무아미타불
금빛몸과	옥빛광명	온허공을	비추나니	나무아미타불
누구든지	일념으로	아미타불	부른다면	나무아미타불
순식간에	무량공덕	원만하게	이루리라.	나무아미타불

삼계윤회	도는 것이	두레박질	같으오니	나무아미타불
백천만겁	지나도록	한량없이	오고갔네	나무아미타불
이 몸 받은	금생 안에	깨달음을	못 얻으면	나무아미타불
어느 생에	다시 나서	이 내 몸을	건지리오.	나무아미타불

한밤중에	절 마루에	말없이	앉아보니	나무아미타불
고요하고	쓸쓸하여	본래자연	그 자리라.	나무아미타불
서쪽바람	건듯 불어	숲 흔들려	바라보니	나무아미타불
찬기러기	울음소리	긴 하늘을	갈라놓네.	나무아미타불

보신화신	참 아니니	삿된 인연	끝내오면	나무아미타불
불법신이	청정하여	넓고 넓어	가없어라.	나무아미타불
일천 강의	물 위에는	일천 개의	달이 뜨고	나무아미타불
만리장천	구름 없어	하늘 또한	가없도다.	나무아미타불
세존께서	어느 하루	설산 속에	드시고는	나무아미타불
한번 앉아	여섯 해가	지난지도	모르셨네.	나무아미타불
밝은 샛별	보는 순간	깨달았다	하셨으니	나무아미타불
한소식에	깨친 말씀	온세계에	두루하네.	나무아미타불
원만하온	깨침산에	한나무가	자리하여	나무아미타불
하늘과 땅	나뉘기 전	꽃봉오리	맺었다네.	나무아미타불
푸르지도	하얗지도	까맣지도	아니하고	나무아미타불
춘풍에도	하늘에도	존재하지	않는다네.	나무아미타불
천길되는	낚싯줄을	곧게 바로	드리우니	나무아미타불
한물결이	일어나매	만물결이	따르도다.	나무아미타불
적막한 밤	물은 차서	고기 물지	아니하니	나무아미타불
한 배 가득	텅빈 채로	달빛 싣고	돌아오네.	나무아미타불
아미타불	원력바다	모두 함께	들어가서	나무아미타불
미래세가	다하도록	모든 중생	제도하고	나무아미타불
너나없이	모두 함께	성불하기	원합니다.	나무아미타불

서방정토 극락세계 장대한 몸과 가없는 상호를 지니셨고

금빛 광명으로 온 법계 비추시며,
사십팔원으로 항하의 모래알보다
더 많은 한량없는 중생을 건지시고,
삼백육십만억 일십일만 구천오백의 이름으로 불리며,
대자비로 우리를 이끄시는 스승이신
금색여래 아미타 부처님께 귀명합니다.

아미타불본심미묘진언
다냐타 옴 아리다라 사바하 (3편)

서방정토 극락으로 중생인도 하옵시는
아미타 부처님께 머리숙여 절하오며
제가 이제 일심으로 극락왕생 발원하니
자비하신 원력으로 거두어 주옵소서 〔저두〕

상품상생진언
옴 마리다리 훔훔 바탁 사바하 (7편)

5. 임종 발원문

법주

천강을 비추는 달처럼
중생 소망 따라 감응하시는 부처님!
○○○ 불자가 세상 인연 다해
아미타 부처님 품으로 가고자 하오니

삼귀의 오계 수지하고 업장을 참회하고 발심한 공덕으로
생전의 악업이 소멸되고 극락세계의 문이 활짝 열려
극락왕생 하도록 가피하고 인도하여 주소서.

다겁생의 인연으로 이생에서 가족으로 만났다가
이별을 앞둔 슬픔에 안타까움을 금하지 못하고 있습니다.
만난 이가 헤어짐은 필연이지만 다겁생의 인연은 단절되지 않나니,
신실한 불자로 금생을 잘 보내고
훗날 극락세계 아미타 부처님 회상에서
다시 만날 수 있도록 이끌어 주옵소서.

○○○ 불자여, 이제 모든 애착과 미움을 다 털어버리고
아미타 부처님 칠보연못 연꽃 속에 태어나서
극락세계에 편히 노니시고 법락을 누리소서.

이제 남은 가족과 친지와 인연 있는 모든 이들
아미타불의 가피와 ○○○의 극락왕생 깊이 믿고
오로지 일념으로 염불하오니
거룩하신 부처님이시여, 이 법요를 증명하고 가호하소서.
마하반야바라밀 (저두)

일상의례

일상예경의례

• 일상예경의례 •

1. 헌다게 (아침)

> **인례**

저희 이제 청정수를 감로다 삼아

삼보님 전 올리오니

자비로 받으소서. 〔절〕

자비로 받으소서. 〔절〕

대자비로 받으옵소서. 〔절〕

헌향게 (저녁)

계향 정향 혜향 혜탈향 해탈지견향

광명구름 두루하여 시방세계 한량없는

삼보님 전 공양합니다.

헌향진언

옴 바아라 도비야 훔 (3편)

2. 예경 ― 석가모니불

> **대중이 함께**

지극한 마음으로 온 세계 스승이신 석가모니 부처님께 절하옵니다. 〔절〕

지극한 마음으로 모든 중생 어버이신 석가모니 부처님께 절하옵니다. 〔절〕

지극한 마음으로 저희들의 스승이신 석가모니 부처님께 절하옵니다. 〔절〕

원합노니 다함없는 삼보이시여.

대자비로 저의 예경 받아주소서.

걸림없는 위덕으로 감싸주시사

모든 중생 함께 성불 하여지이다. 〔저두〕

예경 — 약사여래불

지극한 마음으로 동방 만월세계 약사여래 부처님께 절하옵니다. 〔절〕

지극한 마음으로 십이대원 성취하신 약사여래 부처님께 절하옵니다. 〔절〕

지극한 마음으로 고통 중생 건지시는 약사여래 부처님께 절하옵니다. 〔절〕

약사여래 부처님

열두 가지 서원으로 아픈 중생 속히 건져 주옵소서. 〔저두〕

예경 — 아미타불

지극한 마음으로 서방정토 도량교주 아미타 부처님께 절하옵니다. 〔절〕

지극한 마음으로 사십팔원 성취하신 아미타 부처님께 절하옵니다. 〔절〕

지극한 마음으로 구품연대 이끄시는 아미타 부처님께 절하옵니다. 〔절〕

극락도사 아미타불

일념으로 염불하는 저희들을 극락으로 인도하옵소서. 〔저두〕

예경 — 미륵불

지극한 마음으로 오는 세상 내려오실 자씨미륵 부처님께 절하옵니다. 〔절〕

지극한 마음으로 용화세상 교화주인 자씨미륵 부처님께 절하옵니다. 〔절〕

지극한 마음으로 삼회 설법 중생제도 자씨미륵 부처님께 절하옵니다. 〔절〕

자씨미륵 부처님
용화세계 강림하사 고통 속의 중생들을 건져 주옵소서. 〔저두〕

예경 ― 관세음보살

지극한 마음으로 천수천안 관세음보살님께 절하옵니다. 〔절〕
지극한 마음으로 대자대비 관세음보살님께 절하옵니다. 〔절〕
지극한 마음으로 구고구난 관세음보살님께 절하옵니다. 〔절〕
자비로운 관음보살님
삼십삼 응신으로 고난 속의 중생들을 건져 주옵소서. 〔저두〕

예경 ― 지장보살

지극한 마음으로 유명교주 지장보살님께 절하옵니다. 〔절〕
지극한 마음으로 남방화주 지장보살님께 절하옵니다. 〔절〕
지극한 마음으로 대원본존 지장보살님께 절하옵니다. 〔절〕
대원본존 지장보살님
한량없는 몸을 나퉈 지옥 고통 중생들을 건져 주옵소서. 〔저두〕

3. 발원

법주

우러러 아뢰오니
○○○ 부처님(보살님), 대자비를 드리우사 굽어살펴 주옵소서
(주소) 에 거주하는 ○○○, ○○○, ○○○가
간절한 정성으로 ○○○를 발원하오니
뜻과 같이 원만성취 가피하여 주옵소서.

아울러 저희들은 부처님의 자식 되어

지금 여기 깨어 있는 자세로

지혜롭게, 자비롭게, 평화롭게 오늘을 살겠습니다.

마하반야바라밀 〔저두〕

4. 반야심경

대중이 함께

마하반야바라밀다심경

관자재보살이 깊은 반야바라밀다를 행할 때,

오온이 공한 것을 비추어 보고 온갖 고통에서 건너느니라.

사리자여! 색이 공과 다르지 않고 공이 색과 다르지 않으며,

색이 곧 공이요 공이 곧 색이니, 수 상 행 식도 그러하니라.

사리자여! 모든 법은 공하여 나지도 멸하지도 않으며,

더럽지도 깨끗하지도 않으며, 늘지도 줄지도 않느니라.

그러므로 공 가운데는 색이 없고 수 상 행 식도 없으며,

안 이 비 설 신 의도 없고, 색 성 향 미 촉 법도 없으며,

눈의 경계도 의식의 경계까지도 없고,

무명도 무명이 다함까지도 없으며,

늙고 죽음도 늙고 죽음이 다함까지도 없고,

고 집 멸 도도 없으며, 지혜도 얻음도 없느니라.

얻을 것이 없는 까닭에 보살은 반야바라밀다를 의지하므로

마음에 걸림이 없고 걸림이 없으므로 두려움이 없어서,

뒤바뀐 헛된 생각을 멀리 떠나 완전한 열반에 들어가며,

삼세의 모든 부처님도 반야바라밀다를 의지하므로

최상의 깨달음을 얻느니라.

반야바라밀다는 가장 신비하고 밝은 주문이며

위없는 주문이며 무엇과도 견줄 수 없는 주문이니,

온갖 괴로움을 없애고 진실하여 허망하지 않음을 알지니라.

이제 반야바라밀다주를 말하리라.

아제아제 바라아제 바라승아제 모지 사바하 (3편)

공양의례

안내

안내

• 공양을 하기 전 합장하고 의례문을 독송한 뒤 음식을 먹습니다.

• 대중이 공양을 할 때는 각자 하거나 대표 1명이 소리 내어 독송할 수 있습니다.

• 공양의례 •

시작할 때

합장하고

나무불 나무법 나무승
이 음식의 공덕으로 육신을 보살피고
계정혜 양식으로 진리 몸을 장엄하며
언제나 보살도를 실천하겠나이다.
마하반야바라밀 〔저두〕

마칠 때

합장하고

마하반야바라밀 〔저두〕

문병의례

안내

• 환자를 문병할 때는 환자의 상태를 살펴 인원과 문병 시간, 요령과 목탁 등의 법구 사용 여부를 판단하여야 합니다.

• 문병을 간단히 할 경우에는 천수경을 생략하고, 진언은 3편으로 줄여서 진행합니다.

• 문병의례 •

1. 천수경

환자가 병고로 인한 신행의 단절을 많이 아쉬워하고, 병세가 위태롭지 않은 경우 보례진언—천수경을 독송한다.

2. 거불

인례

거룩한 부처님께 귀의합니다. [절]

거룩한 가르침에 귀의합니다. [절]

거룩한 스님들께 귀의합니다. [절]

3. 고유

법주

우러러 생각하오니 약사여래불께서는 열두 가지 큰 서원을 성취하사

한량없는 중생들을 병고에서 구제하시옵니다.

오늘 ○○에 거주하는 ○○○ 불자가 병을 얻어 고통 속에 있사오니

자비를 드리우고 감로를 맛보게 하사

○○○ 불자에게 회복의 의지를 일으키고,

사대를 고르게 하여 병이 호전되고
병석에서 일어나도록 이끌어 주옵소서.
저희들이 일심으로 귀명하옵니다.

4. 진언가피

대중이 함께

동방 만월세계 약사유리광여래불과
햇빛 밝게 비추어 재앙을 없애 주는 일광보살님,
달빛으로 어둠 밝혀 재앙을 없애 주는 월광보살님이시여,
○○○ 불자를 가호하여 주소서.

항마진언

옴 소마니 소마니 훔 하리한나 하리한나 훔 하리한나 바나야 훔 아나야
혹 바아밤 바아라 훔 바탁 (7편)

○○○ 불자여,
약사여래께서 자비를 드리우시니
숨 들이쉴 때 약사여래 가피력이 온 몸을 정화하고
숨 내쉴 때 몸의 병고가 몸 밖으로 빠져나가는 것을
관상하십시오.

제일체질병 다라니

다냐타 미마려 미마려 바나구지려 시리말저 군나려 수노비 인나라 의령
모예 사바하 (7편)

금강수명다라니

옴 바아라 유사 사바하 (7편)

○○○ 불자여,
약사여래의 가피로 충만한 광명이
불자님을 가득 둘러싸고 있으니
이 광명이 불자님의 몸과 마음에 맺힌 고통과 어둠을
다 녹이고 밝히는 것을 관상하십시오.

광명진언

옴 아모가 바이로차나 마하무드라 마니파드마 즈바라 프라바르타야 훔
(7편)

불설소재길상다라니

나모 사만다 못다남 아바라지 하다사 사나남 다냐타 옴 카카 카혜 카혜
훔 훔 아바라 아바라 바라 아바라 바라 아바라 지따 지따 지리 지리 빠다
빠다 선지가 시리예 사바하 (7편)

5. 정근

대중이 함께

나무 동방 만월세계 십이원성 약사여래불 약사여래불…… (백천번)

약사여래소진언

옴 후루후루 찬다라 마 통기 스바하 (3편)

십이대원	성취하여	중생들을	건지시니
한결같은	자비심은	단 한치도	빈틈없네
범부들의	전도몽상	깊고깊은	병의 뿌리
약사여래	못만나면	죄업소멸	어려워라

6. 축원

법주

중생의 병을 치유하시는 대의왕이신 부처님이시여!

지금 ○○ 병원 ○○ 병동에서 ○○○ 불자가

병마를 극복하고자 애쓰고 있습니다.

예로부터 지어온 삼업을 참회하고

새로운 삶을 열고자 부처님의 가피를 청하오니

훌륭한 의사의 신묘한 처방으로 ○○○ 불자가 건강을 회복하고,

부처님의 가르침을 실천하는 보살행자가 되도록 가호하여 주옵소서.

쾌유를 기원하고 간병하는 가족들과 친지들과 이웃들이

지치지 아니하고 희망을 얻게 하여 주옵소서.

그리하여 ○○○ 불자와 모든 인연 있는 이들이

부처님 품 안에서 평온을 얻고

세세생생 보살도를 실천하여

필경에는 부처님을 성취하게 하소서.

마하반야바라밀 [저두]

환자의 요청에 따라 찬불가, 경전 독송을 추가할 수 있다.

문상의례

안내

• 문상(問喪)의례는 상주와 유가족을 위로하고 고인의 명복을 빌어 주는 의식입니다.

• 문상의례는 다종교 사회인 현실에서 문상을 짧게 해야 하는 경우를 전제로 구성
  하였습니다. 문상을 길게 할 수 있는 경우에는 전통적인 의식에 따라 진행합니다.

• 스님이 문상할 때 문상 대상이 승가냐 재가냐에 따라 다르게 적용합니다.

  – 승가 : 가사 장삼을 다 갖추고 삼배의 예를 올립니다.

  – 재가 : 합장, 저두례는 하지만 절은 하지 않습니다.

  – 단 재가라 할지라도 스님의 부모인 경우에는 가사를 벗은 채로 절을 올립니다.

• 문상의례(개인) •

1. 헌화 및 분향 삼배

> 꽃 혹은 향을 올리고 삼 배를 드린다.

2. 문상

> 상주를 향해서 통성명을 하고, 기도 염송에 대한 양해를 구한다.

문상 : ○○의 극락왕생을 기원합니다. 저희들은 ○○사 도반들입니다.

상주 : 감사합니다. 면목 없습니다.

문상 : 잠깐 고인을 위해 기도해도 되겠습니까?

상주 : 그렇게 해 주시면 고맙겠습니다.

3. 거불

인례

극락도사 아미타불께 귀의합니다. 〔저두〕

대원본존 지장보살께 귀의합니다. 〔저두〕

접인망령 인로왕보살께 귀의합니다. 〔저두〕

4. 아룀

원아금차 지극정성 ○○(법명) ○○(이름) 영가 위해
아미타불 가피력으로 극락왕생 하시기를 발원하며
○○○경을 독송하고 아미타불 염송합니다.

5. 독경

천수경, 반야심경, 아미타경, 무상게, 금강경 등 상황에 따라 경을
선택하여 독송하고, 장엄염불한다.

대중이 함께

장엄염불

원하오니	저희 목숨	다할 때까지
어느 때나	아미타불	항상 외우며
마음마다	옥호광명	떠올리면서
생각마다	금빛 모습	간직하오며

염주 들고	시방법계	관하옵나니
허공으로	끈을 삼아	모두 꿰어서
평등하신	노사나불	항상 계시니
서방정토	아미타불	관하옵니다.

나무서방대교주 무량수여래불 나무아미타불…… (21편)

극락세계십종장엄

법장비구	서원 세워	인행 닦은	장엄이요,	나무아미타불
사십팔원	성취하신	그 원력의	장엄이요,	나무아미타불
아미타불	명호 속의	무량수광	장엄이요,	나무아미타불
세 분 성현	보배로운	상호의	장엄이요,	나무아미타불
아미타불	극락국토	안락한	장엄이요,	나무아미타불
보배 강물	맑고 맑은	공덕수의	장엄이요,	나무아미타불
보배궁전	여의누각	아름다운	장엄이요,	나무아미타불
낮과 밤이	길고 길어	긴시간의	장엄이요,	나무아미타불
이십사 종	기쁨 가득	극락정토	장엄이요,	나무아미타불
삼십 종의	이로운 일	공덕의	장엄이라.	나무아미타불
아미타	부처님은	어느 곳에	계시는가	나무아미타불
마음깊이	새겨두고	간절하게	잊지 마소	나무아미타불
생각하고	생각하여	무념처에	이른다면	나무아미타불
여섯문이	어느 때나	금색광명	빛나리라.	나무아미타불
겹겹으로	푸른 산은	아미타불	법당이요	나무아미타불
아득하게	너른 바다	적멸보궁	도량이라	나무아미타불
세상만사	무얼 해도	걸릴 것이	없으리니	나무아미타불
소나무 위	학의 머리	붉은 것을	보게 되리.	나무아미타불
서방정토	극락세계	만월같은	아미타불	나무아미타불
금빛몸과	옥빛광명	온허공을	비추나니	나무아미타불
누구든지	일념으로	아미타불	부른다면	나무아미타불

순식간에　　　무량공덕　　　원만하게　　　이루리라.　　　나무아미타불

삼계윤회　　　도는 것이　　　두레박질　　　같으오니　　　나무아미타불
백천만겁　　　지나도록　　　한량없이　　　오고갔네　　　나무아미타불
이 몸 받은　　금생 안에　　　깨달음을　　　못 얻으면　　나무아미타불
어느 생에　　　다시 나서　　　이 내 몸을　　건지리오.　　나무아미타불

한밤중에　　　절 마루에　　　말없이　　　　앉아보니　　나무아미타불
고요하고　　　쓸쓸하여　　　본래자연　　　그 자리라.　　나무아미타불
서쪽바람　　　건듯 불어　　　숲 흔들려　　바라보니　　나무아미타불
찬기러기　　　울음소리　　　긴 하늘을　　갈라놓네.　　나무아미타불

보신화신　　　참 아니니　　　삿된 인연　　끝내오면　　나무아미타불
불법신이　　　청정하여　　　넓고 넓어　　가없어라.　　나무아미타불
일천 강의　　　물 위에는　　　일천 개의　　달이 뜨고　　나무아미타불
만리장천　　　구름 없어　　　하늘 또한　　가없도다.　　나무아미타불

세존께서　　　어느 하루　　　설산 속에　　드시고는　　나무아미타불
한번 앉아　　　여섯 해가　　　지난지도　　모르셨네.　　나무아미타불
밝은 샛별　　　보는 순간　　　깨달았다　　하셨으니　　나무아미타불
한소식에　　　깨친 말씀　　　온세계에　　두루하네.　　나무아미타불

원만하온　　　깨침산에　　　한나무가　　자리하여　　나무아미타불
하늘과 땅　　　나뉘기 전　　　꽃봉오리　　맺었다네.　　나무아미타불
푸르지도　　　하얗지도　　　까맣지도　　아니하고　　나무아미타불

춘풍에도	하늘에도	존재하지	않는다네.	나무아미타불
천길되는	낚싯줄을	곧게 바로	드리우니	나무아미타불
한물결이	일어나매	만물결이	따르도다.	나무아미타불
적막한 밤	물은 차서	고기 물지	아니하니	나무아미타불
한 배 가득	텅빈 채로	달빛 싣고	돌아오네.	나무아미타불
아미타불	원력바다	모두 함께	들어가서	나무아미타불
미래세가	다하도록	모든 중생	제도하고	나무아미타불
너나없이	모두 함께	성불하기	원합니다.	나무아미타불

서방정토 극락세계 장대한 몸과 가없는 상호를 지니셨고
금빛 광명으로 온 법계 비추시며,
사십팔원으로 항하의 모래알보다
더 많은 한량없는 중생을 건지시고,
삼백육십만억 일십일만 구천오백의 이름으로 불리며,
대자비로 우리를 이끄시는 스승이신
금색여래 아미타 부처님께 귀명합니다.

6. 회향발원

법주

극락세계 교화주이신 아미타 부처님과
대자대비로 보우하는 관세음보살님,
대희대사로 보우하는 대세지보살님이시여!

저희들이 일심으로 발원하오니
세연 다한 신고인(新故人) ○○(법명) ○○(이름) 영가를
극락세계 안양국으로 인도하여 주시옵소서.
아미타 부처님을 염불한 인연으로
○○(법명) ○○(이름) 영가가 두려움과 혼란함을 벗어나
잠시라도 어두운 길에 머물지 않고
인로왕 불보살님의 인도를 받아
서방정토 칠보연못 구품연대에 왕생토록
무량한 광명으로 길을 비추어 주시옵소서.

이제 고인이 되신 영가의 가족들이
이별의 슬픔과 아픔에 무너지지 않도록
굳건한 의지처가 되어 평온을 찾게 하여 주소서.
영가께서 그렇게 와서 그렇게 가시는 모습에서
무상의 이치와 실체 없는 무아의 이치를 보게 하며
금생에 맺은 인연을 오로지 감사함으로 회향하도록 보살펴 주시옵소서.

신고인(新故人) ○○(법명) ○○(이름) 영가의
극락왕생을 거듭 발원하오며
저희들도 부처님의 가르침을 따라
세세생생 보살도에서 물러나지 아니하고
마침내 한량없는 유정과 함께
극락세계 미타국토 왕생발원하옵니다.
마하반야바라밀 〔저두〕

• 문상의례(단체) •

1. 헌화 및 분향 삼배

꽃 또는 향을 올리고 삼 배를 한다.

2. 문상

상주를 향해서 통성명을 하고, 기도 염송에 대한 양해를 구한다.

문상 : ○○의 극락왕생을 기원합니다. 저희들은 ○○사 도반들입니다.

상주 : 감사합니다. 면목 없습니다.

문상 : 잠깐 고인을 위해 기도해도 되겠습니까?

상주 : 그렇게 해 주시면 고맙겠습니다.

3. 거불

인례

극락도사 아미타불께 귀의합니다. 〔저두〕

대원본존 지장보살님께 귀의합니다. 〔저두〕

접인망령 인로왕보살님께 귀의합니다. 〔저두〕

4. 아룀

원아금차 지극정성 ○○(법명) ○○(이름) 영가 위해
아미타 부처님의 가피력으로 극락왕생 하시기를 발원하며
반야심경 독송하고 아미타불 염송하옵니다.

5. 경전 독송

금강경, 아미타경, 무상게 등을 독경한다.

대중이 함께

마하반야바라밀다심경

관자재보살이 깊은 반야바라밀다를 행할 때,
오온이 공한 것을 비추어 보고 온갖 고통에서 건너느니라.
사리자여! 색이 공과 다르지 않고 공이 색과 다르지 않으며,
색이 곧 공이요 공이 곧 색이니, 수 상 행 식도 그러하니라.
사리자여! 모든 법은 공하여 나지도 멸하지도 않으며,
더럽지도 깨끗하지도 않으며, 늘지도 줄지도 않느니라.
그러므로 공 가운데는 색이 없고 수 상 행 식도 없으며,
안 이 비 설 신 의도 없고, 색 성 향 미 촉 법도 없으며,
눈의 경계도 의식의 경계까지도 없고,
무명도 무명이 다함까지도 없으며,
늙고 죽음도 늙고 죽음이 다함까지도 없고,
고 집 멸 도도 없으며, 지혜도 얻음도 없느니라.

얻을 것이 없는 까닭에 보살은 반야바라밀다를 의지하므로
마음에 걸림이 없고 걸림이 없으므로 두려움이 없어서,
뒤바뀐 헛된 생각을 멀리 떠나 완전한 열반에 들어가며,
삼세의 모든 부처님도 반야바라밀다를 의지하므로
최상의 깨달음을 얻느니라.
반야바라밀다는 가장 신비하고 밝은 주문이며
위없는 주문이며 무엇과도 견줄 수 없는 주문이니,
온갖 괴로움을 없애고 진실하여 허망하지 않음을 알지니라.
이제 반야바라밀다주를 말하리라.
아제아제 바라아제 바라승아제 모지 사바하 (3편)

6. 장엄염불

대중이 함께

장엄염불

원하오니	저희 목숨	다할 때까지
어느 때나	아미타불	항상 외우며
마음마다	옥호광명	떠올리면서
생각마다	금빛 모습	간직하오며

염주 들고	시방법계	관하옵나니
허공으로	끈을 삼아	모두 꿰어서
평등하신	노사나불	항상 계시니
서방정토	아미타불	관하옵니다.

나무서방대교주 무량수여래불 나무아미타불······ (21편)

극락세계십종장엄

법장비구	서원 세워	인행 닦은	장엄이요,	나무아미타불
사십팔원	성취하신	그 원력의	장엄이요,	나무아미타불
아미타불	명호 속의	무량수광	장엄이요,	나무아미타불
세 분 성현	보배로운	상호의	장엄이요,	나무아미타불
아미타불	극락국토	안락한	장엄이요,	나무아미타불
보배 강물	맑고 맑은	공덕수의	장엄이요,	나무아미타불
보배궁전	여의누각	아름다운	장엄이요,	나무아미타불
낮과 밤이	길고 길어	긴시간의	장엄이요,	나무아미타불
이십사 종	기쁨 가득	극락정토	장엄이요,	나무아미타불
삼십 종의	이로운 일	공덕의	장엄이라.	나무아미타불
아미타	부처님은	어느 곳에	계시는가	나무아미타불
마음깊이	새겨두고	간절하게	잊지 마소	나무아미타불
생각하고	생각하여	무념처에	이른다면	나무아미타불
여섯문이	어느 때나	금색광명	빛나리라.	나무아미타불
겹겹으로	푸른 산은	아미타불	법당이요	나무아미타불
아득하게	너른 바다	적멸보궁	도량이라	나무아미타불
세상만사	무얼 해도	걸릴 것이	없으리니	나무아미타불
소나무 위	학의 머리	붉은 것을	보게 되리.	나무아미타불
서방정토	극락세계	만월같은	아미타불	나무아미타불

금빛몸과 　옥빛광명 　온허공을 　비추나니 　나무아미타불
누구든지 　일념으로 　아미타불 　부른다면 　나무아미타불
순식간에 　무량공덕 　원만하게 　이루리라. 　나무아미타불

삼계윤회 　도는 것이 　두레박질 　같으오니 　나무아미타불
백천만겁 　지나도록 　한량없이 　오고갔네 　나무아미타불
이 몸 받은 　금생 안에 　깨달음을 　못 얻으면 　나무아미타불
어느 생에 　다시 나서 　이 내 몸을 　건지리오. 　나무아미타불

한밤중에 　절 마루에 　말없이 　앉아보니 　나무아미타불
고요하고 　쓸쓸하여 　본래자연 　그 자리라. 　나무아미타불
서쪽바람 　건듯 불어 　숲 흔들려 　바라보니 　나무아미타불
찬기러기 　울음소리 　긴 하늘을 　갈라놓네. 　나무아미타불

보신화신 　참 아니니 　삿된 인연 　끝내오면 　나무아미타불
불법신이 　청정하여 　넓고 넓어 　가없어라. 　나무아미타불
일천 강의 　물 위에는 　일천 개의 　달이 뜨고 　나무아미타불
만리장천 　구름 없어 　하늘 또한 　가없도다. 　나무아미타불

세존께서 　어느 하루 　설산 속에 　드시고는 　나무아미타불
한번 앉아 　여섯 해가 　지난지도 　모르셨네. 　나무아미타불
밝은 샛별 　보는 순간 　깨달았다 　하셨으니 　나무아미타불
한소식에 　깨친 말씀 　온세계에 　두루하네. 　나무아미타불

원만하온 　깨침산에 　한나무가 　자리하여 　나무아미타불

하늘과 땅	나뉘기 전	꽃봉오리	맺었다네.	나무아미타불
푸르지도	하얗지도	까맣지도	아니하고	나무아미타불
춘풍에도	하늘에도	존재하지	않는다네.	나무아미타불

천길되는	낚싯줄을	곧게 바로	드리우니	나무아미타불
한물결이	일어나매	만물결이	따르도다.	나무아미타불
적막한 밤	물은 차서	고기 물지	아니하니	나무아미타불
한 배 가득	텅빈 채로	달빛 싣고	돌아오네.	나무아미타불

아미타불	원력바다	모두 함께	들어가서	나무아미타불
미래세가	다하도록	모든 중생	제도하고	나무아미타불
너나없이	모두 함께	성불하기	원합니다.	나무아미타불

서방정토 극락세계 장대한 몸과 가없는 상호를 지니셨고
금빛 광명으로 온 법계 비추시며,
사십팔원으로 항하의 모래알보다
더 많은 한량없는 중생을 건지시고,
삼백육십만억 일십일만 구천오백의 이름으로 불리며,
대자비로 우리를 이끄시는 스승이신
금색여래 아미타 부처님께 귀명합니다.

7. 조가

여유가 있으면 〈빛으로 돌아오소서〉 등 조가를 부른다.

8. 회향발원

법주

극락세계 교화주이신 아미타 부처님과

대자대비로 보우하는 관세음보살님,

대희대사로 보우하는 대세지보살님이시여!

저희들이 일심으로 발원하오니

세연 다한 신고인(新故人) ○○(법명) ○○(이름) 영령을

극락세계 안양국으로 인도하여 주시옵소서.

아미타 부처님을 염불한 인연으로

○○(법명) ○○(이름) 영가가 두려움과 혼란함을 벗어나

잠시라도 어두운 길에 머물지 않고

인로왕 불보살님의 인도를 받아

서방정토 칠보연못 구품연대에 왕생토록

무량한 광명으로 길을 비추어 주시옵소서.

이제 고인이 되신 영가의 가족들이

이별의 슬픔과 아픔에 무너지지 않도록

굳건한 의지처가 되어 평온을 찾게 하여 주소서.

영가께서 그렇게 와서 그렇게 가시는 모습에서

무상의 이치와 실체 없는 무아의 이치를 보게 하며

금생에 맺은 인연을 오로지 감사함으로 회향하도록 보살펴 주시옵소서.

신고인(新故人) ○○(법명) ○○(이름) 영가의

극락왕생을 거듭 발원하오며

저희들도 부처님의 가르침을 따라

세세생생 보살도에서 물러나지 아니하고
마침내 한량없는 유정과 함께
극락세계 미타국토 왕생발원하옵니다.
마하반야바라밀 〔저두〕

새해맞이 안택의례

안내

• 탁자나 상을 펴고 향로, 촛대, 다기와 공양물(떡, 과일 등)을 진설합니다.

• 화엄성중 정근 때 집 내부를 오른쪽으로 돌면서 다기물을 붓으로 뿌립니다.

• 지난해 붙인 범문 천수다라니를 떼고 새로운 다라니를 붙여 줍니다.

• 새해맞이 안택의례 •

1. 천수경

대중이 함께

2. 거불

인례

거룩한 부처님께 귀의합니다. 〔절〕

거룩한 가르침에 귀의합니다. 〔절〕

거룩한 스님들께 귀의합니다. 〔절〕

3. 고유

법주

우러러 아뢰옵니다.

사바세계 남섬부주 동양 대한민국 ○○에 거주하는 불자 ○○○ 등이 불
기○○○○년 ○○년을 맞아 집안이 평온하고 가정이 화목하며 가족 구
성원 모두 건강하고 안팎으로 모든 재앙 소멸하며 마음속에 바라는 일
뜻과 같이 원만하게 이루기를 발원하며 삼보님께 공양 올리오니 간절한
정성 굽어 살펴 감응하여 주시옵소서.

4. 도량정화

정법계진언

옴 람 (7편)

5. 공양게

청정하고 향기로운 이 공양을

거룩한 삼보님 전 올리오니,

자비로 받으소서. (절)

자비로 받으소서. (절)

대자비로 받으옵소서. (절)

6. 예공

지극한 마음으로,

온 세계 스승이며 모든 중생 어버이신

석가모니 부처님께 공양합니다.

지극한 마음으로,

온 세계 항상 계신 거룩하신 부처님께 공양합니다.

지극한 마음으로,

온 세계 항상 계신 거룩하신 가르침에 공양합니다.

지극한 마음으로,
대지문수사리보살 대행보현보살 대비관세음보살
대원본존 지장보살님께 공양합니다.

지극한 마음으로,
부처님께 부촉받은 십대제자 십육성 오백성
독수성 내지 천이백 아라한께 공양합니다.

지극한 마음으로,
불법 전한 역대조사 천하종사 한량없는
선지식께 공양합니다.

지극한 마음으로,
온 세계 항상 계신 거룩하신 스님들께 공양합니다.
다함없는 삼보시여 저희공양 받으시고
가피력을 내리시어 법계중생 모두함께 성불하여지이다.

보공양진언
옴 아아나 삼바바 바아라 혹 (3편)

불설소재길상다라니
나모 사만다 못다남 아바라지 하다사 사나남 다냐타 옴 카 카 카혜 카혜
훔 훔 아바라 아바라 바라아바라 바라아바라 지따 지따 지리 지리 빠다

빠다 선지가 시리예 사바하 (3편)

보회향진언

옴 사마라 사마라 미마나 사라마하 자거라바 홈 (3편)

7. 정근

> 정근을 하면서 집을 돈다. 집을 돌 때는 향로를 든 사람이 앞서고,
> 이어서 법주가 감로수를 뿌리며, 나머지 대중은 정근하면서 그 뒤를
> 따른다. 집을 돈 뒤에 제자리에 돌아와서 정근을 마치고 기원문을
> 낭독한다.

대중이 함께

나무 보문시현 원력홍심 대자대비 구고구난 관세음보살…… (백천번)

관세음보살멸업장진언

옴 아로늑계 사바하 (3편)

신통력을 갖추시고 지혜방편 널리 닦아
시방세계 모든 곳에 두루두루 나투시네 〔저두〕

8. 발원문 (가족 대표)

거룩하신 삼보님께 귀의 발원하옵니다.
사바세계 남섬부주 동양 대한민국 ○○에 거주하는 ○○○는
불기○○○○년 새해를 맞아

불법승 삼보님과 이 집 안팎을 보호하는 모든 선신들께
공양을 올리고 집안의 행복과 평온을 기원하나이다.
자비로운 삼보시여, 저희를 보호하는 선신들이시여,
신과 인간 세계를 모두 보아도 가장 뛰어나신 분
저희들은 부처님을 믿고 따르오니
이 인연으로 이 집안을 보살피고 보호하소서.
부처님의 가르침은 최상의 행복과 자유와 평화의 길이니
저희들은 부처님 가르침을 믿고 따릅니다.
이 인연으로 이 집안을 보살피고 보호하소서.
부처님의 거룩한 제자들은 이 세상의 복밭이니
저희들은 스님들을 믿고 의지합니다.
이 인연으로 이 집안을 보살피고 보호하소서.
저희들은 오늘의 이 법요를 인연으로 더 신심을 굳게 세워
부처님을 믿고 가르침을 배우고 실천하며 스님들을 따르고 보호하고 공
양 올리며
계율에 따라 삶을 바르게 하고 가족간에 사랑하고 보살피며
세상에 공덕을 회향하고 부처님 법을 전하리니
저희들의 발원을 증명하여 주소서.
마하반야바라밀

9. 축원

법주

우러러 아뢰옵니다.
옹호회상의 모든 성현들이시여,

자비심으로 지혜광명을 드리워 주옵소서.

오늘 안택기도 봉행하는 사바세계 남섬부주

동양 대한민국 ○○에 거주하는 ○○○ 보체

이 인연공덕으로 옹호성중님의 가호하는 힘을 입어

몸은 건강하고 마음은 청정하여 행복하고 평온하며,

가정이 화목하고 집안에 복덕이 충만하며,

모든 재난 소멸되고 나쁜사람 멀어지며 좋은 사람 좋은 일이

언제나 함께 하고 마음속에 바라는 일 원만성취 하여지이다.

○○○ 불자와 가족들이 부처님 제자로서 믿음이 견고하고,

지혜롭고 자비롭게 삶을 가꾸어 나와 이웃이

모두 행복하고 평화로운 불국토를 성취하게 하옵소서.

길상 모두 갖추신 위없이 존귀한 성현들께 절하옵니다.

마하반야바라밀

10. 반야심경

대중이 함께

마하반야바라밀다심경

관-자재보살이 깊은 반야바라밀다를 행할 때 오온이 공한 것을 비추어 보고 온갖 고통에서 건너느니라.

사리자여! 색이 공과 다르지 않고 공이 색과 다르지 않으며, 색이 곧 공이요 공이 곧 색이니, 수 상 행 식도 그러하니라.

사리자여! 모든 법은 공하여 나지도 멸하지도 않으며, 더럽지도 깨끗하지도 않으며, 늘지도 줄지도 않느니라. 그러므로 공 가운데는 색이 없고 수 상 행 식도 없으며, 안 이 비 설 신 의도 없고, 색 성 향 미 촉 법도 없

으며, 눈의 경계도 의식의 경계까지도 없고, 무명도 무명이 다함까지도 없으며, 늙고 죽음도 늙고 죽음이 다함까지도 없고, 고 집 멸 도도 없으며, 지혜도 얻음도 없느니라.

얻을 것이 없는 까닭에 보살은 반야바라밀다를 의지하므로 마음에 걸림이 없고 걸림이 없으므로 두려움이 없어서, 뒤바뀐 헛된 생각을 멀리 떠나 완전한 열반에 들어가며, 삼세의 모든 부처님도 반야바라밀다를 의지하므로 최상의 깨달음을 얻느니라. 반야바라밀다는 가장 신비하고 밝은 주문이며 위없는 주문이며 무엇과도 견줄 수 없는 주문이니, 온갖 괴로움을 없애고 진실하여 허망하지 않음을 알지니라. 이제 반야바라밀다주를 말하리라.

아제아제 바라아제 바라승아제 모지 사바하 (3편)

11. 사홍서원

대중이 함께

중생을 다 건지오리다.
번뇌를 다 끊으오리다.
법문을 다 배우오리다.
불도를 다 이루오리다.

입주 안택의례

안내

• 탁자나 상을 펴고 향로, 촛대, 다기와 공양물(떡, 과일 등)을 진설합니다.

• 화엄성중 정근 때 집 내부를 오른쪽으로 돌면서 다기물을 붓으로 뿌립니다.

• 범문 천수다라니를 천장이나 적당한 곳에 붙여 줍니다.

• 입주 안택의례 •

1. 천수경

2. 거불

인례

거룩한 부처님께 귀의합니다. 〔절〕

거룩한 가르침에 귀의합니다. 〔절〕

거룩한 스님들께 귀의합니다. 〔절〕

3. 고유

법주

우러러 아뢰옵니다.

사바세계 남섬부주 동양 대한민국 ○○에 거주하는 불자 ○○○ 등이 불기 ○○○○년 ○○년을 맞아 집안이 평온하고 가정이 화목하며 가족 구성원 모두 건강하고 안팎으로 모든 재앙 소멸하며 마음속에 바라는 일 뜻과 같이 원만하게 이루기를 발원하며 삼보님께 공양 올리오니 간절한 정성 굽어살펴 감응하여 주시옵소서.

4. 도량정화

인례

정법계진언

옴 람 (7편)

5. 공양게

인례

청정하고 향기로운 이 공양을

거룩한 삼보님 전 올리오니,

자비로 받으소서. 〔절〕

자비로 받으소서. 〔절〕

대자비로 받으옵소서. 〔절〕

6. 예공

대중이 함께

지극한 마음으로,

온 세계 스승이며 모든 중생 어버이신

석가모니 부처님께 공양합니다.

지극한 마음으로,

온 세계 항상 계신 거룩하신 부처님께 공양합니다.

지극한 마음으로,

온 세계 항상 계신 거룩하신 가르침에 공양합니다.

지극한 마음으로,
대지문수사리보살 대행보현보살 대비관세음보살
대원본존 지장보살님께 공양합니다.

지극한 마음으로,
부처님께 부촉받은 십대제자 십륙성 오백성
독수성 내지 천이백 아라한께 공양합니다.

지극한 마음으로,
불법 전한 역대조사 천하종사 한량없는
선지식께 공양합니다.

지극한 마음으로,
온 세계 항상 계신 거룩하신 스님들께 공양합니다.
다함없는 삼보시여 저희공양 받으시고
가피력을 내리시어 법계중생 모두함께 성불하여지이다.

보공양진언
옴 아아나 삼바바 바아라 혹 (3편)

불설소재길상다라니
나모 사만다 못다남 아바라지 하다사 사나남 다냐타 옴 카 카 카혜 카혜
훔 훔 아바라 아바라 바라아바라 바라아바라 지따 지따 지리 지리 빠다

빠다 선지가 시리예 사바하 (3편)

보회향진언
옴 사마라 사마라 미마나 사라마하 자거라바 훔 (3편)

7. 정근

> 정근을 하면서 집을 돈다. 집을 돌 때는 향로를 든 사람이 앞서고,
> 이어서 법주가 감로수를 뿌리며, 나머지 대중은 정근을 하면서 그
> 뒤를 따른다. 집을 돈 뒤에 제자리에 돌아와서 정근을 마치고 기원
> 문을 낭독한다.

대중이 함께

나무 보문시현 원력홍심 대자대비 구고구난 관세음보살…… (백천번)

관세음보살멸업장진언
옴 아로늑계 사바하 (3편)

신통력을 갖추시고 지혜방편 널리 닦아
시방세계 모든 곳에 두루두루 나투시네 〔저두〕

8. 발원문 (가족 대표)

거룩하신 삼보님께 귀의 발원하나이다.
사바세계 남섬부주 동양 대한민국 ○○에 거주하는 ○○○는

집의 건축을 마치고 (이사를 하여) 입주하게 되었기에

불법승 삼보님과 이 집 안팎을 보호하는 모든 선신들께

공양을 올리고 기원하나이다.

거룩하신 삼보시여, 옹호성중이시여,

신과 인간세계를 모두 보아도 가장 뛰어나신 분

저희들은 부처님을 믿고 따르오니

이 인연으로 이 집안을 보살피고 보호하소서.

부처님의 가르침은 최상의 행복과 자유와 평화의 길이니

저희들은 부처님 가르침을 믿고 따릅니다.

이 인연으로 이 집안을 보살피고 보호하소서.

부처님의 거룩한 제자들은 이 세상의 복밭이니

저희들은 스님들을 믿고 의지합니다.

이 인연으로 이 집안을 보살피고 보호하소서.

부처님이 알려주신 법도에 따라

거룩하신 호법선신께 공양을 올렸사오니

이 인연으로 이 집안을 보살피고 보호하소서.

저희들은 오늘의 이 법요를 인연으로 더 신심을 굳게 세워

부처님을 믿고 가르침을 배우고 실천하며 스님들께 공양하고 외호하며

계율에 따라 삶을 바르게 하고 세상에 공덕을 지으리니

저희들의 발원을 거두어 주소서.

마하반야바라밀

9. 축원

법주

우러러 아뢰옵니다.

온 세계 항상 계신 다함없는 삼보시여,

자비심으로 지혜광명 드리워 주옵소서.

오늘 입주 안택기도 봉행하는 사바세계 남섬부주 동양 대한민국 ○○에 거주하는 ○○○ 보체

이 인연공덕으로 삼보님의 가호하는 힘을 입어 몸은 건강하고 마음은 청정하여 행복하고 평온하며, 가정이 화목하고 집안에 복덕이 충만하며, 모든 재난 소멸되고 나쁜사람 멀어지며 좋은 사람 좋은 일이 언제나 함께하고 마음속에 바라는 일 원만성취 하여지이다.

○○○ 불자와 가족들이 부처님 제자로서 믿음이 견고하고, 지혜롭고 자비롭게 삶을 가꾸어 나와 이웃이 모두 행복하고 평화로운 불국토를 성취하게 하옵소서.

길상 모두 갖추신 위없이 존귀한 성현들께 절하옵니다.

마하반야바라밀

10. 반야심경

대중이 함께

마하반야바라밀다심경

관자재보살이 깊은 반야바라밀다를 행할 때 오온이 공한 것을 비추어 보고 온갖 고통에서 건너느니라.

사리자여! 색이 공과 다르지 않고 공이 색과 다르지 않으며, 색이 곧 공이요 공이 곧 색이니, 수 상 행 식도 그러하니라.

사리자여! 모든 법은 공하여 나지도 멸하지도 않으며, 더럽지도 깨끗하지도 않으며, 늘지도 줄지도 않느니라. 그러므로 공 가운데는 색이 없고 수 상 행 식도 없으며, 안 이 비 설 신 의도 없고, 색 성 향 미 촉 법도 없으며, 눈의 경계도 의식의 경계까지도 없고, 무명도 무명이 다함까지도 없으며, 늙고 죽음도 늙고 죽음이 다함까지도 없고, 고 집 멸 도도 없으며, 지혜도 얻음도 없느니라.

얻을 것이 없는 까닭에 보살은 반야바라밀다를 의지하므로 마음에 걸림이 없고 걸림이 없으므로 두려움이 없어서, 뒤바뀐 헛된 생각을 멀리 떠나 완전한 열반에 들어가며, 삼세의 모든 부처님도 반야바라밀다를 의지하므로 최상의 깨달음을 얻느니라. 반야바라밀다는 가장 신비하고 밝은 주문이며 위없는 주문이며 무엇과도 견줄 수 없는 주문이니, 온갖 괴로움을 없애고 진실하여 허망하지 않음을 알지니라. 이제 반야바라밀다주를 말하리라.

아제아제 바라아제 바라승아제 모지 사바하 (3편)

11. 사홍서원

대중이 함께

중생을 다 건지오리다.
번뇌를 다 끊으오리다.
법문을 다 배우오리다.
불도를 다 이루오리다.

사업성취 기원의례

• 사업성취 기원의례 •

1. 천수경
대중이 함께

2. 거불
인례

거룩한 부처님께 귀의합니다. 〔절〕

거룩한 가르침에 귀의합니다. 〔절〕

거룩한 스님들께 귀의합니다. 〔절〕

3. 고유
법주

우러러 아뢰옵니다.

사바세계 남섬부주 동양 대한민국 ○○시 (주소) (상호명) 대표 ○○○와 임직원들이 오늘 (개업 / 개업○○주년 / 사무실 이전 / 새해 / 입춘 …)을 맞아, 임직원이 모두 건강하고 화합하며 사업이 나날이 번창하고 관재구설 모든 재난 소멸하기를 발원하며, 삼보님께 공양 올리오니 간절한 정성 굽어 살펴 감응하여 주시옵소서.

4. 도량정화

정법계진언

옴 람 (7편)

5. 공양게

청정하고 향기로운 이 공양을

거룩한 삼보님 전 올리오니,

자비로 받으소서. 〔절〕

자비로 받으소서. 〔절〕

대자비로 받으옵소서.

6. 예공

지극한 마음으로,

온 세계 스승이며 모든 중생 어버이신

석가모니 부처님께 공양합니다.

지극한 마음으로,

온 세계 항상 계신 거룩하신 부처님께 공양합니다.

지극한 마음으로,

온 세계 항상 계신 거룩하신 가르침에 공양합니다.

지극한 마음으로,
대지문수사리보살 대행보현보살 대비관세음보살
대원본존 지장보살님께 공양합니다.

지극한 마음으로,
부처님께 부촉 받은 십대제자 십육성 오백성
독수성 내지 천이백 아라한께 공양합니다.

지극한 마음으로,
불법 전한 역대조사 천하종사 한량없는
선지식께 공양합니다.

지극한 마음으로,
온 세계 항상 계신 거룩하신 스님들께 공양합니다.
다함없는 삼보시여 저희공양 받으시고
가피력을 내리시어 법계중생 모두함께 성불하여지이다.

보공양진언
옴 아아나 삼바바 바아라 혹 (3편)

불설소재길상다라니
나모 사만다 못다남 아바라지 하다사 사나남 다냐타 옴 카 카 카혜 카혜
홈 홈 아바라 아바라 바라아바라 바라아바라 지따 지따 지리 지리 빠다

빠다 선지가 시리예 사바하 (3편)

보회향진언

옴 사마라 사마라 미마나 사라마하 자거라바 훔 (3편)

7. 정근

> 정근을 하면서 사업장을 돈다. 돌 때는 향로를 든 사람이 앞서고,
> 이어서 법주가 감로수를 뿌리며, 나머지 대중은 정근을 하면서 그
> 뒤를 따른다. 사업장을 돈 뒤에 제 자리에 돌아와서 정근을 마치고
> 기원문을 낭독한다.

대중이 함께

나무 보문시현 원력홍심 대자대비 구고구난 관세음보살…… (백천번)

관세음보살멸업장진언

옴 아로늑계 사바하 (3편)

신통력을 갖추시고 지혜방편 널리 닦아
시방세계 모든 곳에 두루두루 나투시네. 〔저두〕

8. 발원문 (회사 대표)

거룩하신 부처님과 부처님의 가르침과 스님들께 귀의합니다.
사바세계 남섬부주 동양 대한민국 ○○시 (주소) (상호명) 대표 ○○○와
임직원들은

오늘 (개업 / 개업 ○ ○주년 / 사무실 이전 / 새해 / 입춘 …)을 맞아

임직원이 모두 건강하고 화합하며 사업이 나날이 번창하고

관재구설 모든 재난 소멸하기를 발원하며,

불법승 삼보님과 안팎을 보호하는 모든 선신들께 공양을 올리고 기원하

나이다.

모든 성현들이시여, 옹호성중이시여,

신과 인간세계를 모두 보아도 가장 뛰어나신 분

저희들은 부처님을 믿고 따르오니

이 인연으로 이 회사(가게 / 학원…)를 보살피고 보호하소서.

부처님의 가르침은 최상의 행복과 자유와 평화의 길이니

저희들은 부처님 가르침을 믿고 따릅니다.

이 인연으로 이 회사(가게 / 학원…)를 보살피고 보호하소서.

부처님의 거룩한 제자들은 이 세상의 복밭이니

저희들은 스님들을 믿고 의지합니다.

이 인연으로 이 회사(가게 / 학원…)를 보살피고 보호하소서.

저희들을 보호하는 자비로운 호법선신께 공양을 올리오니

이 인연으로 이 회사(가게 / 학원…)를 보살피고 보호하소서.

저희들은 늘 삼보님의 가피 입음을 생각하면서

작은 인연을 귀하게 여기고

직원의 화합과 안전을 우선하며,

세상에 이익 되는 사업을 목표로

두려움 없는 용기로 도전하고 성취하며 나아가겠습니다.

거룩하신 삼보님이시여, 옹호성중이시여,

저희들의 발원을 거두어 주소서.

마하반야바라밀

9. 축원

법주

우러러 아뢰옵니다.

온 세계 항상 계신 다함없는 삼보시여,

자비심으로 지혜광명을 드리워 주옵소서.

오늘 개업(개업○○주년 / 사무실 이전 / 새해 / 입춘 …)을 맞아 사업성취 기도 봉행하는 사바세계 남섬부주 동양 대한민국 ○○ 에 거주하는 ○○○ 보체 이 인연공덕으로 삼보님의 가호하는 힘을 입어 몸은 건강하고 마음은 청정하여 행복하고 평온하며, 임직원 모두 화합하고 향상하여 사업이 나날이 번창하며, 모든 재난 소멸되고 나쁜 사람 멀어지며 좋은 사람 좋은 일이 언제나 함께하고 마음속에 바라는 일 원만성취하여지이다.

이 회사의 임직원들이 서로서로 도반 되어 존중하고 배려하며, 법답게 경영하여 부귀와 명예 얻고 세상에 좋은 이익 베풀게 하옵소서.

대표 ○○○ 불자와 임직원들이 부처님 제자로서 믿음이 견고하고, 지혜롭고 자비롭게 삶을 가꾸어 나와 이웃이 모두 행복하고 평화로운 불국토를 성취하게 하옵소서.

마하반야바라밀

10. 반야심경

대중이 함께

마하반야바라밀다심경

관-자재보살이 깊은 반야바라밀다를 행할 때 오온이 공한 것을 비추어 보고 온갖 고통에서 건너느니라.

사리자여! 색이 공과 다르지 않고 공이 색과 다르지 않으며, 색이 곧 공이요 공이 곧 색이니, 수 상 행 식도 그러하니라.

사리자여! 모든 법은 공하여 나지도 멸하지도 않으며, 더럽지도 깨끗하지도 않으며, 늘지도 줄지도 않느니라. 그러므로 공 가운데는 색이 없고 수 상 행 식도 없으며, 안 이 비 설 신 의도 없고, 색 성 향 미 촉 법도 없으며, 눈의 경계도 의식의 경계까지도 없고, 무명도 무명이 다함까지도 없으며, 늙고 죽음도 늙고 죽음이 다함까지도 없고, 고 집 멸 도도 없으며, 지혜도 얻음도 없느니라.

얻을 것이 없는 까닭에 보살은 반야바라밀다를 의지하므로 마음에 걸림이 없고 걸림이 없으므로 두려움이 없어서, 뒤바뀐 헛된 생각을 멀리 떠나 완전한 열반에 들어가며, 삼세의 모든 부처님도 반야바라밀다를 의지하므로 최상의 깨달음을 얻느니라. 반야바라밀다는 가장 신비하고 밝은 주문이며 위없는 주문이며 무엇과도 견줄 수 없는 주문이니, 온갖 괴로움을 없애고 진실하여 허망하지 않음을 알지니라. 이제 반야바라밀다주를 말하리라.

아제아제 바라아제 바라승아제 모지 사바하 (3편)

11. 사홍서원

[대중이 함께]

중생을 다 건지오리다.
번뇌를 다 끊으오리다.
법문을 다 배우오리다.
불도를 다 이루오리다.

차량안전운행 기원의례

안내

- 차량 앞에 찻상을 두고 초, 향, 차를 올립니다.

- 정근을 할 때 다기 물을 차에 뿌리고 바퀴에 부어 줍니다.

- 범문 천수다라니, 염주, 차걸이를 선물합니다.

• 차량안전운행 기원의례 •

1. 천수경
대중이 함께

2. 거불
인례

거룩한 부처님께 귀의합니다. 〔절〕

거룩한 가르침에 귀의합니다. 〔절〕

거룩한 스님들께 귀의합니다. 〔절〕

3. 고유
법주

우러러 아뢰옵니다.

사바세계 남섬부주 동양 대한민국 ○○시 ○○에 거주하는 불자 ○○○

가 오늘 (차량 번호) (차량 명칭) 차량의 무사고 안전운행을 기원하며, 조촐

한 법연을 열어 삼보님께 공양 올리오니, 간절한 정성 굽어살펴 감응하여

주시옵소서.

4. 도량정화

정법계진언

옴 람 (7편)

5. 공양게

청정하고 향기로운 이 공양을

거룩한 삼보님 전 올리오니,

자비로 받으소서. 〔절〕

자비로 받으소서. 〔절〕

대자비로 받으옵소서. 〔절〕

6. 예공

지극한 마음으로,

온 세계 스승이며 모든 중생 어버이신

석가모니 부처님께 공양합니다.

지극한 마음으로,

온 세계 항상 계신 거룩하신 부처님께 공양합니다.

지극한 마음으로,

온 세계 항상 계신 거룩하신 가르침에 공양합니다.

지극한 마음으로,
대지문수사리보살 대행보현보살 대비관세음보살
대원본존 지장보살님께 공양합니다.

지극한 마음으로,
부처님께 부촉 받은 십대제자 십육성 오백성
독수성 내지 천이백 아라한께 공양합니다.

지극한 마음으로,
불법 전한 역대조사 천하종사 한량없는
선지식께 공양합니다.

지극한 마음으로,
온 세계 항상 계신 거룩하신 스님들께 공양합니다.
다함없는 삼보시여 저희공양 받으시고
가피력을 내리시어 법계중생 모두함께 성불하여지이다.

보공양진언
옴 아아나 삼바바 바아라 혹 (3편)

항마진언
옴 소마니 소마니 훔 하리한나 하리한나 훔 하리한나 바나야 훔 아나야
혹 바아밤 바아라 훔 바탁 (3편)

불설소재길상다라니

나모 사만다 못다남 아바라지 하다사 사나남 다냐타 옴 카 카 카혜 카혜 훔 훔 아바라 아바라 바라아바라 바라아바라 지따 지따 지리 지리 빠다 빠다 선지가 시리예 사바하 (3편)

보회향진언

옴 사마라 사마라 미마나 사라마하 자거라바 훔 (3편)

7. 정근

정근을 하면서 차량 오른쪽으로 돈다. 돌 때는 향로를 든 사람이 앞서고, 이어서 법주가 붓으로 감로수를 차에 뿌리며 네 바퀴마다 조금씩 부어 준다. 나머지 대중은 정근을 하면서 그 뒤를 따른다. 차량을 돈 뒤에 제자리에 돌아와서 정근을 마치고 기원문을 낭독한다.

대중이 함께

나무 보문시현 원력홍심 대자대비 구고구난 관세음보살······ (백천번)

관세음보살멸업장진언

옴 아로늑계 사바하 (3편)

신통력을 갖추시고 지혜방편 널리 닦아
시방세계 모든 곳에 두루두루 나투시네. 〔저두〕

8. 발원문 (운전자)

거룩하신 부처님과 부처님의 가르침과 스님들께 귀의합니다.

사바세계 남섬부주 동양 대한민국 ○○에 거주하는 ○○○는

오늘 (차량 번호) (차량 명칭) 차량의 무사고 안전운행을 기원하며

불법승 삼보님과 안팎을 보호하는 모든 선신들께 공양 올리나이다.

거룩하신 삼보님이시여, 옹호성중이시여,

신과 인간 세계를 모두 보아도 가장 뛰어나신 분

저희들은 부처님을 믿고 따르오니

이 인연으로 저희들을 보살피고 보호하소서.

부처님의 가르침은 최상의 행복과 자유와 평화의 길이니

저희들은 부처님 가르침을 믿고 따릅니다.

이 인연으로 저희들을 보살피고 보호하소서.

부처님의 거룩한 제자들은 이 세상의 복밭이니

저희들은 스님들을 믿고 의지합니다.

이 인연으로 저희들을 보살피고 보호하소서.

저희들을 보호하는 자비로운 호법선신께 공양하오니

이 인연으로 저희들을 보살피고 보호하소서.

저희들은 오늘의 이 법요를 인연으로

나아갈 때와 멈출 때를 분명히 알고 바르게 행동하겠습니다.

운전을 할 때 마음이 항상 안정되도록 알아차리겠습니다.

욕망과 분노와 어리석음으로 달리지 않겠습니다.

여유롭고 안전하게 행복과 평온을 향해 나아가겠습니다.

이와 같이 발원하오니

거룩하신 삼보시여, 호법선신이시여,

증명하고 옹호하여 주시옵소서.

마하반야바라밀

9. 축원

법주

우러러 아뢰옵니다.

온세계 항상 계신 다함없는 삼보시여,

자비심으로 지혜광명을 드리워 주옵소서.

오늘 (차량 번호) (차량 명칭) 차량의 무사고 안전운행 발원하는

사바세계 남섬부주 동양 대한민국 ○○에 거주하는 ○○○ 보체

이 인연공덕으로 몸은 건강하고 마음은 청정하여 행복하고 평온하며,

가정이 화목하고 집안에 복덕이 충만하며,

마음속에 바라는 일 원만성취 하여지이다.

(차량 번호) (차량 명칭) 차량으로 가는 곳 어디라도 안전하게 운행하며

관재구설 삼재팔난 모든 재난 소멸되고

좋은 사람 좋은 일을 만나게 하옵소서.

○○○ 불자와 가족들이 부처님 제자로서 믿음이 견고하고,

지혜롭고 자비롭게 삶을 가꾸어 나와 이웃이 모두 행복하고

평화로운 불국토를 성취하게 하옵소서.

마하반야바라밀

10. 반야심경

마하반야바라밀다심경

관자재보살이 깊은 반야바라밀다를 행할 때 오온이 공한 것을 비추어 보고 온갖 고통에서 건너느니라.

사리자여! 색이 공과 다르지 않고 공이 색과 다르지 않으며, 색이 곧 공이요 공이 곧 색이니, 수 상 행 식도 그러하니라.

사리자여! 모든 법은 공하여 나지도 멸하지도 않으며, 더럽지도 깨끗하지도 않으며, 늘지도 줄지도 않느니라. 그러므로 공 가운데는 색이 없고 수 상 행 식도 없으며, 안 이 비 설 신 의도 없고, 색 성 향 미 촉 법도 없으며, 눈의 경계도 의식의 경계까지도 없고, 무명도 무명이 다함까지도 없으며, 늙고 죽음도 늙고 죽음이 다함까지도 없고, 고 집 멸 도도 없으며, 지혜도 얻음도 없느니라.

얻을 것이 없는 까닭에 보살은 반야바라밀다를 의지하므로 마음에 걸림이 없고 걸림이 없으므로 두려움이 없어서, 뒤바뀐 헛된 생각을 멀리 떠나 완전한 열반에 들어가며, 삼세의 모든 부처님도 반야바라밀다를 의지하므로 최상의 깨달음을 얻느니라. 반야바라밀다는 가장 신비하고 밝은 주문이며 위없는 주문이며 무엇과도 견줄 수 없는 주문이니, 온갖 괴로움을 없애고 진실하여 허망하지 않음을 알지니라. 이제 반야바라밀다주를 말하리라.

아제아제 바라아제 바라승아제 모지 사바하 (3편)

11. 사홍서원

중생을 다 건지오리다.

번뇌를 다 끊으오리다.

법문을 다 배우오리다.

불도를 다 이루오리다.

불자생활의례

초판 1쇄 펴냄   2020(2564)년 12월 22일
초판 2쇄 펴냄   2021(2565)년 1월 25일

편찬.   대한불교조계종 포교원
발행인.   정지현
편집인.   박주혜

펴낸곳.   (주)조계종출판사
        서울 종로구 삼봉로 81 두산위브파빌리온 232호
        전화 02-720-6107~9 | 팩스 02-733-6708
        출판등록 제2007-000078호(2007. 04. 27.)

구입문의.   불교전문서점 향전(www.jbbook.co.kr) 02-2031-2070~1

ⓒ 대한불교조계종 포교원, 2020

ISBN 979-11-5580-154-3 03220